1

Nueva edición Compañeros Curso de español

1

Cuderno de ejercicios

Francisca Castro Ignacio Rodero Carmen Sardinero

Español Lengua Extranjera

Primera edición, 2016
Sexta edición, 2021

Produce: SGEL Libros
Avda. Valdelaparra, 29
28108 Alcobendas (Madrid)

Dirección editorial: Javier Lahuerta
Coordinación editorial: Jaime Corpas
Edición: Yolanda Prieto
Corrección: Ana Sánchez

Diseño de cubierta: Ignacio Rodero Sardinero
Fotografías de cubierta: Diego Lezama
Diseño de interior: Verónica Sosa
Maquetación: Leticia Delgado

Ilustraciones: ÁNGELES PEINADOR: pág. 6 (ej. 1), pág. 10 (ej. 8), pág. 11 (ej. 1), pág. 12 (ej. 1), pág. 21 (ej.5), pág. 23 (ej. 7), pág. 25, pág. 27 (ej. 2), pág. 29, pág. 32 (ej. 1), pág. 34, pág. 35, pág. 37, pág. 41 (ej. 1), pág. 44, pág. 45 (ej. 9), pág. 46, pág. 47 (ej. 3), pág. 52, pág. 53, pág. 55 (ej. 1), pág. 59, pág. 60, pág. 65, pág. 67. INGIMAGE: pág. 21 (ej. 7), pág. 54 (ej. 2), pág. 62 (ej. 3). SHUTTERSTOCK: pág. 6 (ej. 2 imagen 2), pág. 7 (ej. 6 mapa), pág. 11 (ej. 3 etiquetas números), pág. 13, pág. 14 (ej. 5 iconos asignaturas), pág. 21 (ej. 7), pág. 24, pág. 30 (ej. 6), pág. 32 (ej. 3), pág. 39 (ej. 1 mapas de España y California; ej. 2 mapa de Argentina), pág. 64 (ej. 9 mapa de Córdoba), pág. 68 (ej. 1)

Fotografías: CORBIS IMAGES: pág. 42 (fotos de Pablo Picasso, Salvador Dalí, Sherlock Holmes, Albert Einstein e Isabel Allende). DREAMSTIME: pág. 33 (ej. 1). INGIMAGE: pág. 6 foto bolígrafo y fotos 1, 5, 6 y 8, pág. 9, pág. 10 (ej. 9), pág. 16 (ej. 16), pág. 18, pág. 22, pág. 31, pág. 36, pág. 38, pág. 50, pág. 61 (ej. 1), pág. 63 (ej. 4), pág. 66. SHUTTERSTOCK: Resto de fotografías, de las cuales, solo para uso de contenido editorial: pág. 28 ej. 4 (dinozzaver / Shutterstock.com); pág. 42 fotos de Pelé (360b / Shutterstock.com), Ronaldo (Natursports / Shutterstock.com), Valentino Rossi (Rainer Herhaus / Shutterstock.com), Fernando Alonso (Jaggat Rashidi / Shuttterstock.com) y Christina Aguilera (Helga Esteb / Shutterstock.com); pág. 57 foto 10 (Igor Bulgarin / Shutterstock.com); pág. 64 foto Alcázar (Renata Sedmakova / Shutterstock.com); pág. 68 fotos de la Sagrada Familia (dimbar76 / Shutterstock.com), el Puerto (Iakov Filimonov / Shutterstock.com), el Camp Nou (Iakov Filimonov / Shutterstock.com), el Mercado de la Boquería (Kaesler Media / Shutterstock.com), la Catedral (Rodrigo Garrido / Shutterstock.com), Las Ramblas (peresanz / Shutterstock.com), el Barrio Gótico (lornet / Shutterstock.com), la Pedrera (nito / Shutterstock.com) y el Museo Nacional del Arte de Cataluña (Brian Kinney / Shutterstock.com)

Audio: Cargo Music

ISBN: 978-84-9778-908-0 (edición internacional)
978-84-9778-936-3 (edición Brasil)

Depósito legal: M-11314-2016
Printed in Spain – Impreso en España
Impresión: Gómez Aparicio Grupo Gráfico

Contenidos

1

¡Hola!

VOCABULARIO

1 Separa los nombres de los objetos de tu clase y, después, escríbelos.

1 ....
2 ....
3 ....
4 ....
5 ....
6 ....
7 ....
8 ....
9 ....
10 ....
11 ....
12 ....
13 ....
14 ....

sillapizarradiccio
narioborradorreg
lalápizmesabolígra
folibromochilaorde
nadorcuadernosa
capuntastijeras

2 Escribe el artículo y el nombre que corresponde a cada foto.

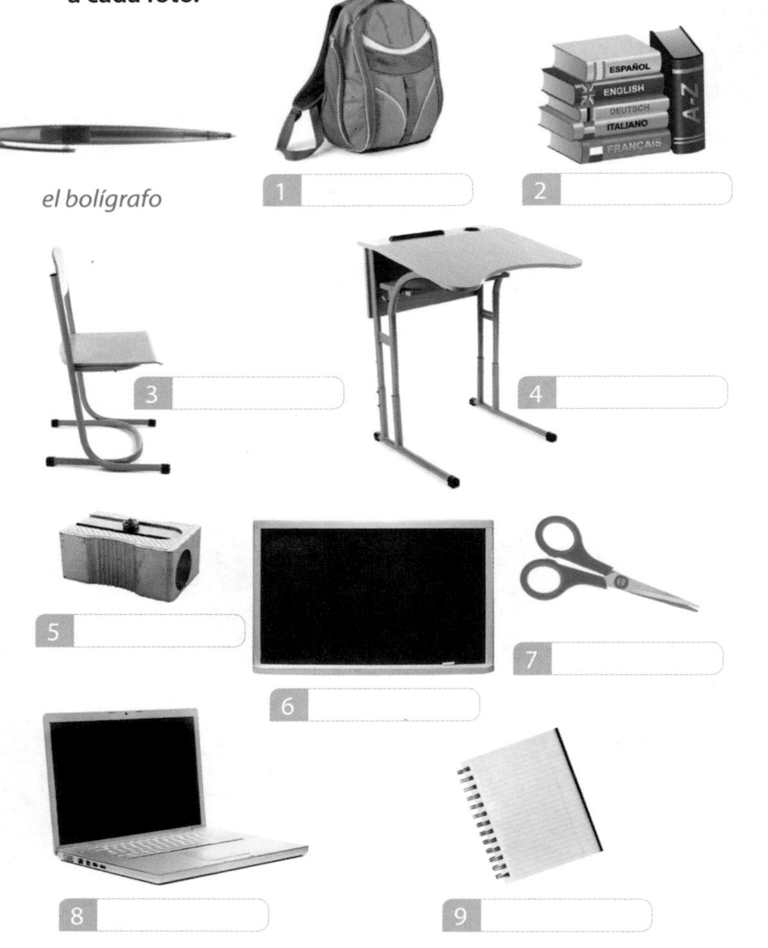

3 Deletrea.

4 Completa las frases con las siguientes palabras.

página • repetir • dice • deletrea

1 • ¿Cómo se .... «tijeras»?
▪ Te-i-jota-e-erre-a-ese.

2 • ¿Puedes ...., por favor?
▪ Sí, claro.

3 • ¿Cómo se .... «pizarra» en tu idioma?
▪ Se dice «blackboard».

4 • ¿En qué .... estamos?
▪ Estamos en la página 6.

5 **Escribe preguntas para estas respuestas.**

1 • ¿..?
▪ Sí, por supuesto. Silla… silla.

2 • ¿..?
▪ Estamos en la página 7.

3 • ¿..?
▪ Se dice «regla» en español.

4 • ¿..?
▪ Eme-o-ce-hache-i-ele-a.

6 **Coloca en el mapa el nombre de las siguientes ciudades españolas.**

Madrid • Sevilla • Barcelona • A Coruña • Valencia • Vitoria

7 **Completa las presentaciones de los chicos anteriores.**

1 ¡Hola!, ¿.................... tal? .... Nuria y tengo trece años. Soy de ....

2 ¡....................!, ... Daniel y tengo doce años. Soy de ....

3 ¡....................!, yo .... Celia, ... doce años y .... de Madrid.

4 ¡Hola!, yo me llamo ...., ... quince años y soy de Valencia.

5 ...., ... Carmen, ... catorce años y .... de ....

6 ...., ¿....................? .... Arantxa, ... trece .... y .... de Vitoria.

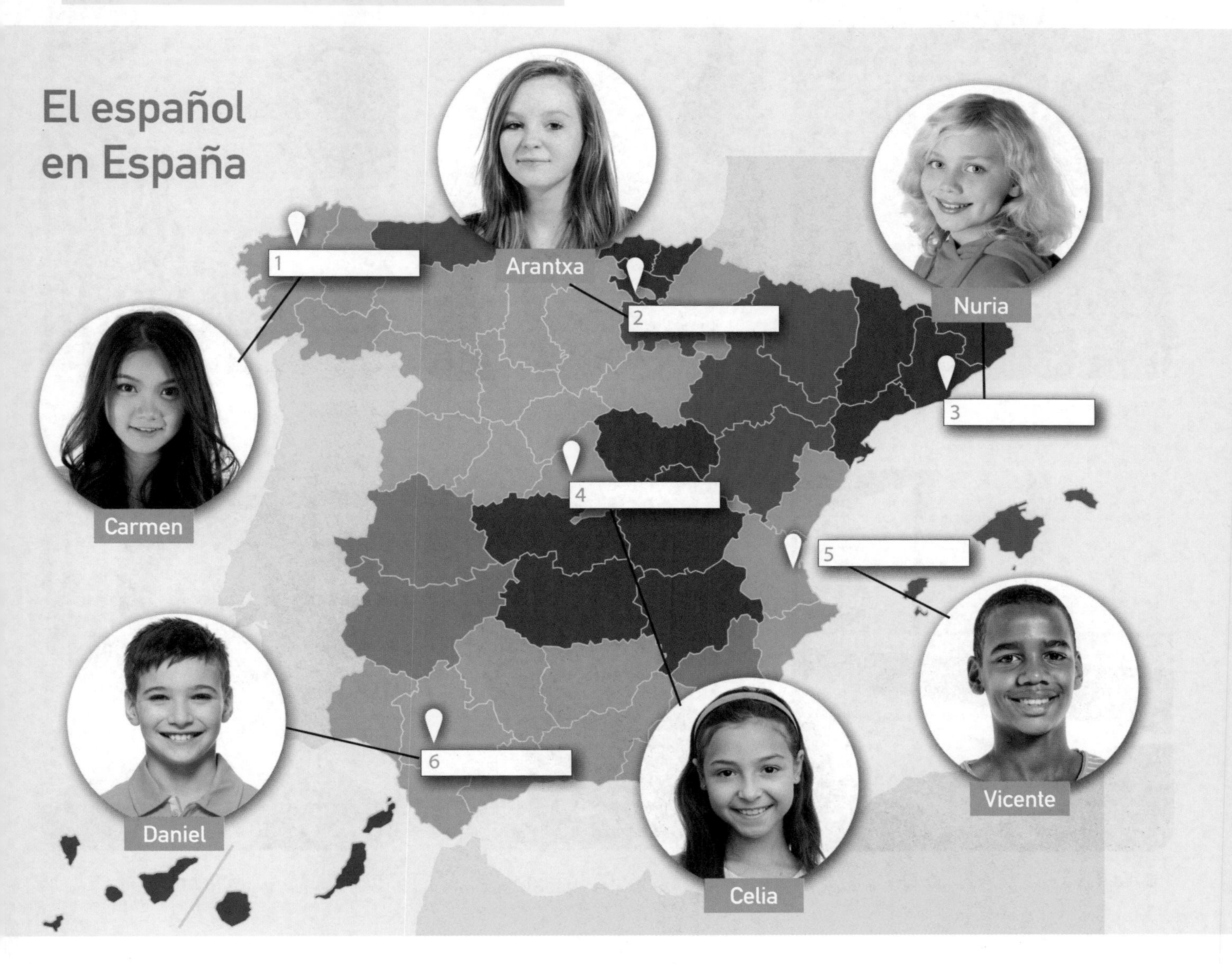

1

GRAMÁTICA

1 Completa la tabla.

	ser	llamarse
yo	*soy*	*me llamo*
tú		
él / ella / Ud.		

2 Completa las frases con la forma correspondiente del verbo *ser*.

Yo *soy* español.

1 Tú .... estudiante.

2 Ella .... profesora.

3 La mesa .... grande.

4 El gato .... negro.

5 Él .... argentino.

3 Completa las frases con la forma correspondiente del verbo *llamarse*.

¿Cómo *te llamas*? (tú)

1 Yo .... Pedro.
2 Ella .... Cristina.
3 El profesor .... Miguel.
4 ¿Tú .... Carmen?
5 Él .... Manuel.

4 Relaciona.

1 ☐ Hola, ¿qué tal?
2 ☐ ¿Cómo te llamas?
3 ☐ ¿Eres española?
4 ☐ ¿Cuál es tu número de teléfono?
5 ☐ ¿Cuántos años tienes?
6 ☐ ¿Eres profesor?
7 ☐ ¿Eres brasileño?

a Jorge.
b No, soy camarero.
c Veinte.
d Bien, ¿y tú?
e No, soy francés.
f El 687 234 590.
g No, soy italiana.

5 Completa los huecos con el verbo adecuado.

1 Me llamo Pablo, ... doce años y .... madrileño.
2 Yo .... María, ... once años y .... colombiana, de Bogotá.
3 Este es mi amigo Diego. .... doce años y .... andaluz, de Córdoba.
4 Esta .... mi amiga Fátima. .... once años y .... marroquí, de Rabat.
5 Esta .... mi profesora de Inglés. .... Susan y .... norteamericana.
6 Mi profesor de Ciencias .... Carlos, ... veinticinco años y es catalán, de Barcelona.

6 Ordena las frases.

¿ / español / eres / tú / ?
¿Tú eres español?

1 profesora / Rosa / se llama / la
....
2 es / ventana / la / grande
....
3 Pedro / yo / me / llamo
....
4 catorce / tengo / años
....
5 argentino / compañero / es / mi
....
6 ¿ / años / cuántos / tienes / ?
....
7 ¿ / compañero / se / cómo / tu / llama / ?
....
8 Ángel / y / amigos / llaman / mis / Alicia / se
....
9 profesora / profesor / llama / se / mi / y / Carlos / Ana / mi / se / llama
....

7 Forma el femenino.

el mono — *la mona*
1 el profesor ....
2 el compañero ....
3 el alumno ....
4 el cantante ....
5 el director ....
6 el perro ....
7 el estudiante ....
8 el niño ....

8 **Escribe el artículo *el* / *la*.**

9 **Escribe la forma opuesta, femenina o masculina.**

Mi profesor es simpático.
Mi profesora es simpática.

1 Este camarero es inglés.
Esta ....
2 Mi gato es negro.
....
3 Mi compañera se llama Rosa.
.... Pablo.
4 La doctora es muy alta.
....
5 El león es bastante grande.
....
6 Mi amiga Ida es peruana.
.... Lucho ....
7 Este mono es inteligente.
....

10 **Subraya la palabra correcta.**

1 Mi **profesor / profesora** se llama Isabel.
2 Juan Martínez es **el director / la directora** de mi colegio.
3 Mi **compañero / compañera** Carmen es muy guapa.
4 **El gato / La gata** es blanca.
5 Mi **amigo / amiga** Elisa es **argentina / argentino**.

11 **Escribe la *h* cuando sea necesario.**

1 El ....ospital es nuevo.
2 ¿Eres ....argentina?
3 Este ....otel no es barato.
4 Mi ....ermana es muy simpática.
5 Mis ....abuelos viven en el campo.
6 Tus amigos son muy ....amables.
7 La letra «............ache» no se pronuncia.
8 ¿Cuántos ....ijos tiene Daniel?

COMUNICACIÓN

1 Completa.

JORGE
¡Hola!, *me llamo* Jorge y *soy* español. *Tengo* quince años.

PABLO
¡Hola!, ¿qué tal? Yo .... Pablo y .... doce años.

JULIA
¡Hola!, ¿qué tal? .... Julia y .... catorce años.

GRACIELA
¡Hola!, ¿qué tal? Yo .... Graciela y .... argentina.

2 Clasifica en las columnas estos nombres y apellidos.

~~Carlos~~ • ~~Sofía~~ • ~~García~~ • Arias • Hernández
Isabel • Alberto • Martínez • Elena
Andrea • Irene • López • Roberto • Diego
Yasmina • Díaz • Coral • Fuentes

NOMBRES		APELLIDOS
CHICOS	CHICAS	
Carlos	*Sofía*	*García*

3 Escribe los números.

4 Escribe las preguntas.

¿Cuántos años tienes? • ¿Cómo te llamas?
¿Cuál es tu número de teléfono? • ~~Hola, ¿qué tal?~~

- *Hola, ¿qué tal?*
- Bien, ¿y tú?

1 • ....
- Es el 920 37 58 17.

2 • ....
- Jorge Álvarez.

3 • ....
- Doce.

5 Escribe los siguientes números en su lugar correspondiente.

trece • quince • catorce • diecinueve • once • veinte
dieciocho • dieciséis • doce • diecisiete

11 ....
13 ....
15 ....
16 ....
18 ....
20 ....
12 ....
14 ....
17 ....
19 ....

DESTREZAS

LEER

1 Lee los textos.

MARTA (MADRID)

Esta es mi clase de judo. Es muy grande porque hay muchos alumnos, más de 30. El profesor de judo se llama Antonio Martín, tiene 20 años y es muy serio. Es de Madrid. Yo me llamo Marta y tengo 12 años. Mi compañera se llama Celia y también tiene 12 años.

MARCELO (CARACAS)

Esta es mi clase. No es grande, pero a mí me gusta mucho. La profesora se llama Elena Sandoval, tiene 22 años y es simpática. En la clase hay 30 alumnos. Yo me llamo Marcelo y tengo 13 años. Mi compañero se llama Fernando y también tiene 13 años.

2 ¿Verdadero (V) o falso (F)?

1 ☐ En la clase de judo hay 30 alumnos.
2 ☐ El profesor de judo es simpático.
3 ☐ La compañera de Marta se llama Celia.
4 ☐ La compañera de Marcelo se llama Elena Sandoval.
5 ☐ Marcelo tiene 12 años.
6 ☐ Su profesora es simpática.

ESCUCHAR

3 (1) Escucha y completa con números.

1 Yo tengo .... años y mi número de teléfono es el ....
2 Marcelo tiene .... años y su número de teléfono es el ....
3 Daniel Martínez tiene .... años y su número de teléfono es el ....

ESCRIBIR

4 Describe tu clase como Marcelo y Marta.

Esta es mi clase.
....
....
....
....
....
....
....

2 Países de habla hispana

VOCABULARIO

1 Escribe los nombres de los países de habla hispana en América Central.

1 .... 4 ....

2 .... 5 ....

3 .... 6 ....

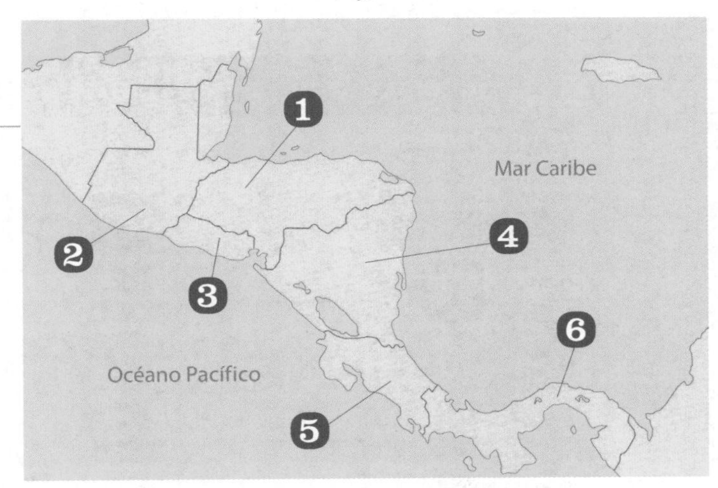

2 Relaciona los países con sus nacionalidades.

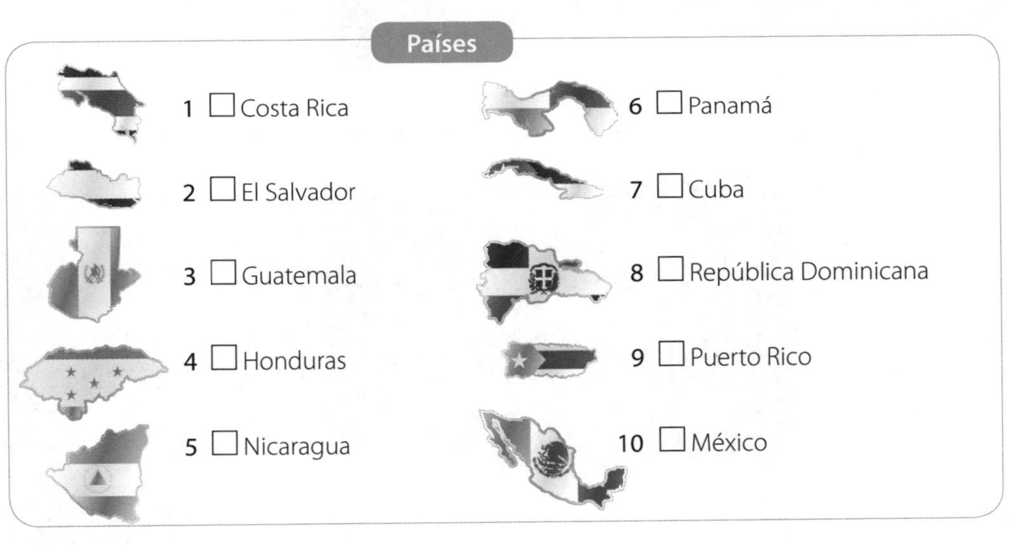

Países

1 ☐ Costa Rica
2 ☐ El Salvador
3 ☐ Guatemala
4 ☐ Honduras
5 ☐ Nicaragua
6 ☐ Panamá
7 ☐ Cuba
8 ☐ República Dominicana
9 ☐ Puerto Rico
10 ☐ México

Nacionalidades

a hondureño/-a
b nicaragüense
c dominicano/-a
d guatemalteco/-a
e salvadoreño/-a
f costarricense
g mexicano/-a
h panameño/-a
i cubano/-a
j puertorriqueño/-a

3 Encuentra en la sopa de letras los siete días de la semana.

4 Escribe los días de la semana en su orden correcto.

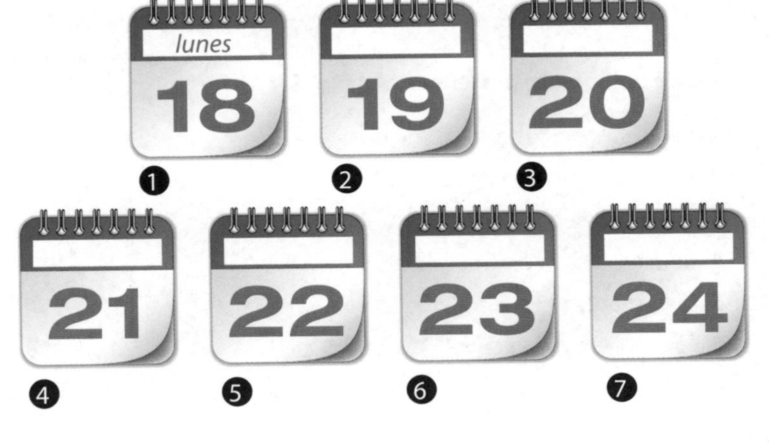

5 Completa el horario utilizando las siguientes palabras.

Informática • Francés • Matemáticas • Educación Física • Español
Inglés • Educación Plástica • Ciencias Sociales • Música • Ciencias Naturales

	lunes	martes	miércoles
1.ª	Francés	(5) ________	Español
2.ª	C. Naturales	(6) ________	Inglés
3.ª	(1) ________	(7) ________	Matemáticas
4.ª	(2) ________	(8) ________	E. Plástica
5.ª	(3) ________	(9) ________	C. Naturales
6.ª	(4) ________	Matemáticas	(10) ________

6 Mira el horario del ejercicio anterior y completa las frases.

1 La sexta clase del miércoles es ________.
2 Inglés es la ________ clase del lunes.
3 La quinta clase del lunes es ________.
4 Informática es la ________ clase del martes.
5 La segunda clase del martes es ________.
6 Ciencias Sociales es la ________ clase del lunes.

7 ¿Qué palabra no pertenece al grupo?

1 lunes • regla • jueves • domingo
2 segunda • cuarto • cinco • séptima
3 estudiante • clase • profesor • compañera
4 francés • libro • pizarra • diccionario
5 Matemáticas • Español • Inglés • Laura
6 Español • Inglés • Francés • Matemáticas

8 Lee sobre Juan y Tamara y, después, completa la tabla.

Juan

Me llamo Juan y soy dominicano. Vivo en Santo Domingo y tengo 13 años. Vivo con mi familia y nuestro perro. La asignatura de Ciencias Sociales es mi favorita.

Tamara

Me llamo Tamara y soy mexicana. Vivo con mi familia en Acapulco, en la costa oeste de México. Tengo 12 años y mi asignatura favorita es Informática.

	JUAN	TAMARA
País		
Nacionalidad		
Edad		
Asignatura favorita		

GRAMÁTICA

1 Completa el presente del verbo *ser*.

	ser
yo	*soy*
tú	
él / ella / Ud.	
nosotros/-as	
vosotros/-as	
ellos / ellas / Uds.	

2 Escribe frases con el verbo *ser*, utilizando las siguientes palabras.

(nosotros) / estudiantes *Somos estudiantes.*

1 este / mi compañero

....

2 mi coche no / blanco

....

3 tú y tus amigos / de Brasil

....

4 ¿de dónde / los vecinos nuevos?

....

5 (yo) no / español

....

6 ¿tú / profesor?

....

7 ¿Ana y Luisa / tus compañeras de clase?

....

8 vosotras no / de esta clase

....

9 la clase de Español / mi favorita

....

10 mi padre / español y mi madre / francesa

....

3 Forma conversaciones, como en el ejemplo.

¿español? (tú)
✔
¿De dónde?
Córdoba

- *¿Eres español?*
- *Sí.*
- *¿De dónde eres?*
- *Soy de Córdoba.*

1 ¿americano? (él)
✘ inglés
¿De dónde?
Manchester

- ....
- ....
- ....
- ....

2 ¿brasileños? (vosotros)
✘ mexicanos
¿De dónde?
Acapulco

- ....
- ....
- ....
- ....

3 ¿franceses? (ellos)
✔
¿De dónde?
París

- ....
- ....
- ....
- ....

4 Relaciona.

1 ¿Cuál es tu asignatura favorita?
2 ¿De dónde sois?
3 ¿Cómo se llaman tus padres?
4 ¿De dónde eres?
5 ¿Dónde vives?
6 ¿Vamos a la biblioteca?
7 ¿Hablas español?
8 ¡Hola, buenos días!
9 Hola, ¿cómo estás?

a Él es argentino, y yo, española.
b En la calle Cervantes, veintitrés.
c Jesús y Lourdes.
d Bien, ¿y tú?
e Sí, un poco.
f Vale, vamos.
g De Barcelona.
h Matemáticas.
i ¡Buenos días!

5 Preséntate.

¡Hola! Me llamo (1) ________.
Soy de (2) ________ (ciudad y país).
Tengo (3) ________ (edad).
Soy alumno del (4) ________ (instituto).
Mi profesor(a) de español se llama (5) ________.

6 Escribe el plural de las siguientes palabras y colócalas en el grupo correspondiente.

el partido el limón la botella
el ascensor el libro el país la iglesia
la pared el coche la televisión

+s	+es
el niño – los niños	el campeón – los campeones

7 Completa.

En la clase de español hay una televisión, quince estudiant___, quince mochil___, quince diccionari___, veinte sill___, una mes___ para el profesor, varios map___ y muchos bolígraf___ y lápic___.

8 Completa la tabla y, a continuación, completa las frases.

argentina	argentino	argentinas	argentinos
española			
	chileno		
		cubanas	
			mexicanos

1 Fidel y Violeta son de Ecuador, son ________.
2 Efraín es de Venezuela, es ________.
3 Graciela y Elena son de Argentina, son ________.
4 Amanda es de Chile, es ________.
5 Víctor y Miguel Ángel son de Santo Domingo, son ________.
6 Ángela es de Panamá, es ________.

9 Primero completa con *esta / este*. Después, forma el plural, como en el ejemplo.

este libro   *estos libros*

1 .... coche ....
2 .... mesa ....
3 .... casa ....
4 .... balón ....
5 .... silla ....

10 Pon las frases en plural.

Este boli es de Pablo.
Estos bolis son de Pablo.

1 Esta pintura es nueva.
....
2 Esta manzana es roja.
....
3 Este libro es de Matemáticas.
....
4 Este chico es muy alto.
....
5 Esta chica es mi amiga.
....
6 Este estudiante es de Polonia.
....

11 Elige la forma correcta.

¿Es / **Son** tu compañera?

1 **Soy / Somos** el capitán.
2 Hoy **son / es** lunes.
3 **Somos / Soy** estudiantes de español.
4 ¿**Eres / Sois** americanos?
5 Este **es / son** tu compañero nuevo.
6 **Eres / Sois** una buena tenista.
7 Mis profesores **es / son** españoles.
8 ¿Tus amigos **sois / son** buenos estudiantes?
9 ¿De dónde **es / eres**?
10 Este coche no **son / es** tuyo.
11 ¿Este **es / son** tu horario?
12 Mis clases de español **son / es** a tercera hora.

12 Corrige las frases. Hay más de una opción.

1 Es una gata negro. ....
2 El coche es viejos. ....
3 ¿De dónde es tú? ....
4 ¿Cuántos años tienen Ana? ....
5 Es mis amigos. ....

13 Escribe los interrogativos adecuados.

1 ¿............ años tienes?
2 ¿............ vives?
3 ¿............ deporte te gusta?
4 ¿............ chicas hay en tu clase?
5 ¿............ eres?
6 ¿............ curso estudias?

14 Completa con el verbo correspondiente *(llamarse, tener, vivir, ser)* en la forma adecuada.

1 Yo .... Antonio, ... trece años, ... español y .... en Málaga.
2 Mi hermana .... María, ... quince años.
3 Este .... mi amigo Carlos, ... mi compañero de clase.
4 Estos .... mis amigos Rodrigo y Pilar, no .... en Madrid. .... catalanes y .... en Barcelona.
5 ¿Vosotros .... compañeros de clase?
6 ¿Tú .... hermanos?
7 ¿............ diccionario? (vosotros)
8 ¿Dónde ....? (usted)

COMUNICACIÓN

1 Escribe los números.

veintiocho • treinta y cinco • setenta y cuatro • cincuenta y nueve • cuarenta y dos
sesenta y seis • noventa y uno • ochenta y siete • treinta y nueve • sesenta

28 ....
35 ....
39 ....
42 ....
59 ....
60 ....
66 ....
74 ....
87 ....
91 ....

2 Completa la tabla.

+	cuarenta y tres	treinta y siete	dos
once	*cincuenta y cuatro*		
diecisiete			
veinte			
ocho			

3 Completa estas series.

dos, cuatro, ocho, *dieciséis*.

1 noventa y nueve, ochenta y ocho, setenta y siete, ...

2 setenta y dos, sesenta y tres, cincuenta y cuatro, ...

3 tres, cinco, siete, ...

4 uno, ocho, dieciséis, veinticinco, ...

5 dos, cuatro, seis, ocho, ...

6 diez, veinte, treinta, ...

7 diez, once, doce, ...

4 Completa la conversación.

• ¿..............................?
▪ Sonia Pérez.
• ¿..............................?
▪ Trece.
• ¿..............................?
▪ De Madrid.
• ¿..............................?
▪ En la calle Mayor, 16.
• ¿..............................?
▪ 91 543 78 96.

5 Escribe conversaciones, como en el ejemplo.

... a casa de Marcos (sí)
• *¿Vamos a casa de Marcos?*
▪ *Vale, vamos.*

... al partido de baloncesto (no)
• *¿Vamos al partido de baloncesto?*
▪ *No, al partido no.*

1 ... al cine (no)
• ....
▪ ....

2 ... al polideportivo (sí)
• ....
▪ ....

3 ... a Madrid (sí)
• ....
▪ ....

4 ... al teatro (no)
• ....
▪ ....

DESTREZAS

LEER

1 Primero lee el correo de Pilar a su amiga Alice. Después, corrige las frases.

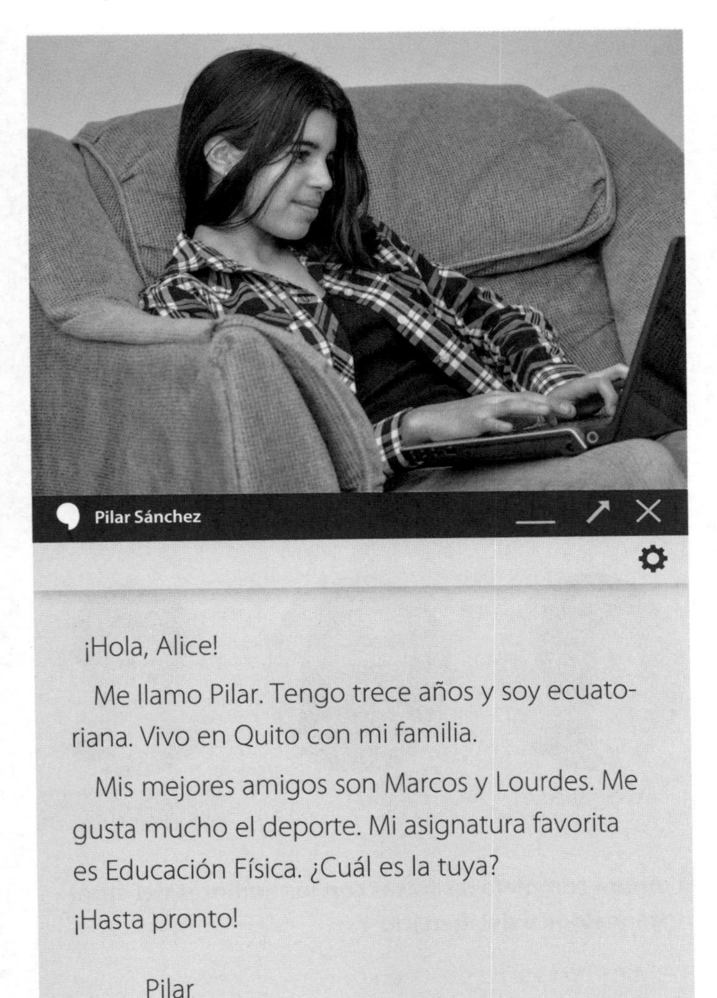

Pilar Sánchez

¡Hola, Alice!

Me llamo Pilar. Tengo trece años y soy ecuatoriana. Vivo en Quito con mi familia.

Mis mejores amigos son Marcos y Lourdes. Me gusta mucho el deporte. Mi asignatura favorita es Educación Física. ¿Cuál es la tuya?

¡Hasta pronto!

Pilar

1 Pilar tiene doce años.

....

2 Vive en Quito con sus amigos.

....

3 Su mejor amigo se llama Antonio.

....

4 Su asignatura favorita es Música.

....

ESCRIBIR

2 Ahora completa el correo con tus datos.

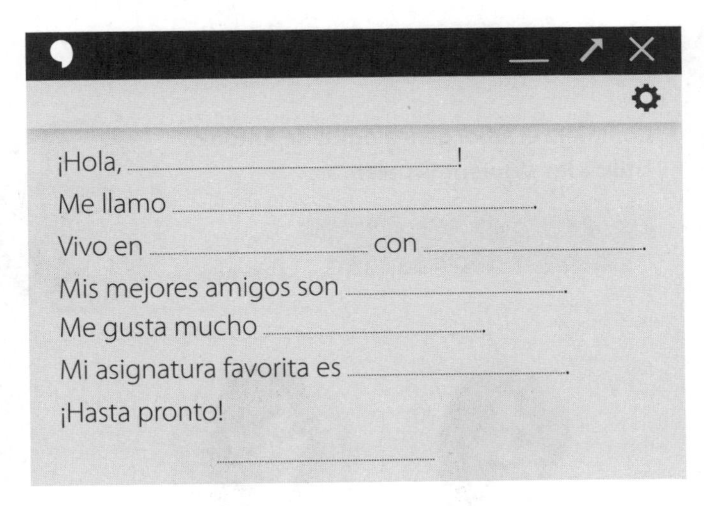

¡Hola, ...!

Me llamo ....

Vivo en .... con ....

Mis mejores amigos son ....

Me gusta mucho ....

Mi asignatura favorita es ....

¡Hasta pronto!

....

ESCUCHAR

3 (2) Escucha la conversación entre Raquel y Tomás y completa la ficha de Tomás.

Nombre	*Tomás*
Edad	[1]
Asignatura favorita	[2]
Deporte favorito	[3]
Días de Educación Física	[4]
Comida favorita	[5]

3 La familia

VOCABULARIO

1 Completa el árbol genealógico de Antonio. Utiliza las siguientes palabras.

tío/-a • hermano/-a • primo/-a
abuelo/-a • padre / madre

María ....

Ricardo ....

Carmen ....

Mateo ....

Milagros ....

Sara ....

Jesús ....

Alejandro ....

Raquel ....

ANTONIO

2 Completa las frases de la familia de Antonio.

Raquel es *la hermana* de Antonio.

1 Mateo es .... de Antonio.
2 Fernando es .... de Antonio.
3 Jesús es .... de Antonio.
4 María es .... de Antonio.
5 Alejandro es .... de Antonio.
6 Sara es .... de Antonio.
7 Carmen es .... de Antonio.
8 Milagros es .... de Antonio.
9 Ricardo es .... de Antonio.
10 Alejandro es .... de Ricardo.
11 Sara y Jesús son .... de Fernando y María.
12 Mateo y Milagros son .... y ....

3 Ahora completa las frases con los nombres del árbol genealógico del ejercicio 1.

Ricardo es el tío de Antonio.

1 .... y .... son los padres de Antonio.
2 .... es la mujer de Ricardo.
3 .... es el marido de María.
4 ...., ... y .... son los hijos de Mateo y Milagros.
5 .... es la hija de Carmen y Ricardo.
6 .... y .... son los abuelos de Antonio.
7 .... es el hijo de Ricardo.
8 .... y .... son las nietas de Fernando y María, y ...., ... y .... son los nietos.
9 .... es sobrino de Mateo y Milagros.

4 Completa las frases con las siguientes palabras.

sobrino • sobrina • abuela • primo • tío • mujer

1 La madre de tu madre es tu ....
2 El hijo de mi tío es mi ....
3 La hija de su hermano es su ....
4 El hermano de mi padre es mi ....
5 La .... de mi hermano es la tía de mis hijos.
6 El hijo de mi hermana es mi ....

5 Lee el siguiente texto sobre la familia de Manolito.

La familia de Manolito

Me llamo Manolito García Moreno, pero en el colegio me llaman Manolito Gafotas. Vivo en Carabanchel, Madrid. Me llamo Manolito como el camión de mi padre, y el camión se llama Manolito como mi padre. Mi padre se llama Manolo como su padre y así hasta el principio de los tiempos.
Mi abuelo vive con nosotros. Tenemos una habitación para los dos.
Miguel es mi hermanito pequeño. Mi madre nos quiere mucho a los dos.

(Adaptación de *Manolito Gafotas*, de Elvira Lindo).

6 Responde a las preguntas.

1 ¿Dónde vive Manolito?
....
2 ¿Quién es Miguel?
....
3 ¿Cómo se llama el abuelo de Manolito?
....
4 ¿Qué tiene el padre de Manolito?
....
5 ¿Quién comparte la habitación con Manolito?
....
6 ¿Dónde vive el abuelo de Manolito?
....

7 Completa el texto sobre tu familia.

Me llamo ....
Vivo en ....
Mi .... se llama
....
Vivo con ....

GRAMÁTICA

1 Completa la tabla con el presente de estos verbos regulares.

	trabajar	beber	escribir
yo	*trabajo*	*bebo*	*escribo*
tú			
él / ella / Ud.			
nosotros/-as			
vosotros/-as			
ellos / ellas / Uds.			

2 Ordena las frases.

1 trabaja / padre / mi / mucho

....

2 beben / los / leche / niños

....

3 ¿ / lápiz / tú / con / escribes / ?

....

4 ordenador / no / en / tengo / casa

....

5 ¿ / tus / viven / dónde / primos / ?

....

3 Completa con la forma correspondiente de los verbos que aparecen entre paréntesis.

Me llamo Pablo. Mi familia y yo [1] .... (vivir) en Zaragoza. Yo [2] .... (tener) un hermano y una hermana. Mis padres [3] .... (trabajar) en una oficina. Mi hermano [4] .... (estudiar) en la universidad y mi hermana y yo [5] .... (estudiar) en el instituto. Yo [6] .... (comer) con mi hermana en casa y mis padres [7] .... (comer) en el comedor de su empresa.

4 Completa las preguntas.

1 • ¿.................... trabaja tu madre?
■ En un banco.

2 • ¿.................... .... vosotros?
■ En la calle Mayor.

3 • ¿.................... .... tu prima?
■ Irene.

4 • ¿.................... hermanos?
■ Sí, un hermano y una hermana.

5 • ¿.................... .... tus abuelos?
■ En un pueblo cerca de Barcelona.

6 • ¿.................... ....? (tú)
■ Un bocadillo.

7 • ¿.................... .... hoy vosotros?
■ En un restaurante.

5 Completa con los siguientes verbos en la forma adecuada.

trabajar • escribir • hablar (x2) • vivir
comer • llamarse (x2) • tener (x4)

1 Mi madre .... Elena, y mi padre, Juan.
2 Nosotros .... en casa dos gatos y una tortuga.
3 ¿.................... animales en tu casa? (tú)
4 • ¿Qué .... Isabel?
■ Un correo electrónico a su amiga Sara.
5 • ¿Dónde .... Paco y Miguel?
■ En Barcelona.
6 Mis hijos siempre .... en el comedor escolar.
7 Mi tío José .... tres idiomas: inglés, alemán y francés.
8 • ¿Cuántos hermanos ....? (tú)
■ Dos.
9 ¿Usted .... coche?
10 • ¿Dónde ....? (tú)
■ En una empresa de ordenadores.
11 Yo .... por teléfono con mi novio todos los días.
12 • ¿Cómo .... tu novio?
■ Javier.

6 Completa las frases con la forma correspondiente del verbo *tener*.

1 Yo .... un coche nuevo.
2 ¿Tú .... perro?
3 Ángel .... un primo en América.
4 Mi hermano y yo .... un gato.
5 ¿Vosotros .... clase mañana?
6 Pedro y Laura .... una casa muy grande.

7 Observa el dibujo y completa con el verbo *tener* y el nombre de un animal.

Yo *tengo un conejo*.

1 Ana ....
....

2 Juan ....
....

3 Juan y Pedro ....
....

4 Mi hermano y yo ....
....

5 La abuela ....
....

8 Escribe frases con el verbo *tener*, como en el ejemplo.

yo / una bicicleta *Yo tengo una bicicleta.*

1 mi hermano / un ordenador
....
2 vosotros / un diccionario de español
....
3 tú / unos patines
....
4 nosotros / un amigo en España
....

9 Relaciona.

1 las amigas de Elena
2 mis amigos y los de Cristina
3 tus amigos y los de Tomás
4 el amigo de Irene
5 mis amigas y las de mi hermana
6 tus amigas y las de Ana
7 los amigos de Laura
8 la amiga de Carlos

a vuestras amigas
b vuestros amigos
c sus amigas
d nuestras amigas
e su amiga
f su amigo
g nuestros amigos
h sus amigos

10 Sustituye la expresión entre paréntesis.

Jaime vive con (los padres de Jaime) *sus padres* en el sur de España.

1 Susana y (las hijas de Susana) .... trabajan en un supermercado.
2 ¿(El perro de Ángel) .... come ensalada?
3 ¿Dónde está (el coche de usted) ....?
4 ¿Cómo se llama (la profesora de Luis) ....?
5 Isabel y (el novio de Isabel) .... estudian en el mismo instituto.

COMUNICACIÓN

1 ¿Qué hora es? Dibuja las manecillas de los relojes.

1 Son las diez y diez.

2 Son las tres menos cuarto.

3 Son las siete y veinticinco.

4 Son las once menos diez.

5 Son las seis y cinco.

6 Son las cuatro y media.

2 **Escribe las horas.**

1 ....

2 ....

3 ....

4 ....

5 ....

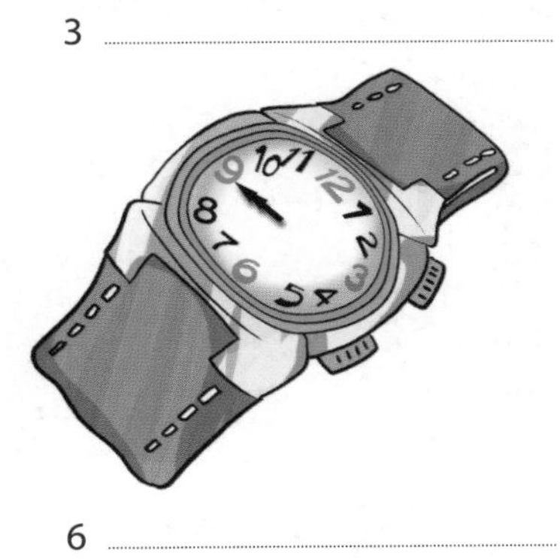

6 ....

3 **Pregunta y contesta a tu compañero sobre la programación de tarde de televisión, como en el ejemplo.**

CANAL	PROGRAMA	HORARIO
TVE 1	Corazón, corazón	4:30
TVE 2	Cifras y letras	7:15
Antena 3	Multicine	10:00
Tele 5	La voz	3:20
La Sexta	Juego de tronos	8:35
Telemadrid	Real Madrid - Barcelona	6:10

• *¿A qué hora es «Corazón, corazón»?*
▪ *A las cuatro y media en TVE 1.*

1 • ....
▪ ....

2 • ....
▪ ....

3 • ....
▪ ....

4 • ....
▪ ....

5 • ....
▪ ....

4 **Contesta a las siguientes preguntas con tus datos.**

1 ¿Cuántos años tienes?
....

2 ¿De dónde eres?
....

3 ¿Tienes hermanos?
....

4 ¿Cómo se llaman?
....

5 ¿Cuántos años tienen?
....

5 **¿Qué letra falta: *c* o *z*?**

1 Pierre, mira a la pi.......arra.
2 ¿Te gusta el ....ine?
3 Tengo una camiseta a.......ul.
4 Mi hermana tiene on.......e años.
5 Tus ....apatos no están limpios.
6 Toma ....umo de naranja.
7 A las ....inco viene Juan.
8 Hoy tenemos clase de ....iencias Naturales.
9 Me gustan las can.......iones de amor.
10 Hoy comemos a las do.......e y media.

DESTREZAS

LEER

1 Lee la entrevista con Susana, completa la ficha con los datos personales y señala qué aficiones tiene.

SECCIÓN 1: DATOS PERSONALES

Nombre:
Apellido:
Nacionalidad:
Edad:
Vive en:
Estudia:
Hermanos:

SECCIÓN 2: AFICIONES

- los animales ☐
- la música ☐
- los libros ☐
- los deportes ☐
- la informática ☐
- las películas ☐
- el arte ☐

- ¿Cómo te llamas?
- Me llamo Susana Fernández.
- ¿Cuántos años tienes?
- Tengo trece años.
- ¿De dónde eres?
- Soy de Toledo, España.
- ¿Qué estudias?
- Estudio 1.º de Secundaria.
- ¿Qué te gusta hacer?
- Me gusta leer, ir al cine y jugar con mi ordenador.
- ¿Y los deportes?
- No, no mucho.
- ¿Tienes hermanos?
- Sí, tengo un hermano.

ESCUCHAR

2 (3) Escucha cómo se conocen Cristina y Gabi en una fiesta. ¿Las siguientes frases son verdaderas (V) o falsas (F)?

1 ☐ Cristina y Gabi son argentinos.
2 ☐ Cristina vive en Lima.
3 ☐ Gabi vive con sus abuelos.
4 ☐ Cristina tiene un hermano.
5 ☐ Gabi tiene una hermana.

ESCRIBIR

3 Hazle una entrevista a tu compañero y en tu cuaderno completa una ficha personal como la del ejercicio 1 con sus datos.

4

Comidas y bebidas

VOCABULARIO

1 Busca los nombres de estos alimentos en la sopa de letras.

2 Mira los dibujos y completa.

1 A Luis le gustan ....

2 A Clara le gustan ....

3 A José le gustan ....

3 Escribe su nombre.

4 Lee y responde.

En España se pueden comprar casi todos los alimentos en un supermercado. En todas las ciudades hay supermercados, grandes y pequeños. Pero también hay mercados o galerías de alimentación. Dentro de cada mercado o galería de alimentación hay muchas pequeñas tiendas dedicadas a una clase de productos. Por ejemplo, en la carnicería venden carne de ternera, de cerdo, etc. En la pollería venden pollo, huevos, gallina, etc. En la frutería venden todo tipo de frutas y verduras. Otras tiendas son: pescadería, panadería, charcutería (donde venden queso, jamón, etc.)...
Además, en las ciudades pequeñas y en muchos pueblos hay un mercadillo al aire libre una vez a la semana. En este mercadillo se puede comprar casi de todo: ropa, alimentos, plantas, etcétera.

1 ¿Dónde compran los alimentos los españoles?

....

2 ¿Cómo se llama la tienda donde se compra la carne?

....

3 ¿Qué tipo de tiendas puedes encontrar dentro de una galería de alimentación?

....

5 Relaciona.

1 panadería	a el pollo
2 charcutería	b el pescado
3 frutería	c el pan
4 pescadería	d el jamón
5 pollería	e las manzanas

6 Contesta a las preguntas.

1 En muchos pueblos hay mercados al aire libre, ¿qué productos puede comprar la gente en ellos?

....

....

2 ¿Hay alguno en tu ciudad?

....

....

3 ¿Qué día de la semana se hace?

....

....

4 ¿Qué compras tú en el mercado al aire libre?

....

....

GRAMÁTICA

1 Completa el presente del verbo *querer*.

	querer
yo	*quiero*
tú	
él / ella / Ud.	
nosotros/-as	
vosotros/-as	
ellos / ellas / Uds.	

2 Completa con el verbo *querer*.

Jorge, ¿*quieres* un plátano?

1 Hoy yo no .... postre.
2 Mamá, Jorge .... un helado.
3 ¿Qué .... vosotros?
4 Luis y yo .... manzanas.
5 Ellas no .... paella.
6 Nosotros .... más sopa.
7 Lucía .... una hamburguesa.
8 Laura y Carlos .... naranjas.

3 Completa con *un / una / unos / unas*.

Encima de la mesa hay [1] .... vaso de leche, [2] .... hamburguesa, [3] .... plátanos, [4] .... naranjas y [5] .... helado.

4 Completa con un artículo *(un / una / unos / unas* o *el / la / los / las)*.

1 ¿Quieres .... naranja de postre?
2 ¿Te gustan .... zanahorias?
3 Mira, ... coche que más me gusta.
4 En el frigorífico solo hay .... manzanas.
5 A mis hijos les gusta mucho .... carne.
6 ¿Dónde hay .... restaurante peruano?
7 A Lorenzo no le gustan .... bocadillos.
8 En la cocina hay .... bocadillos para la excursión.

5 Completa con un pronombre *(me, te, le, nos, os, les)* y *gusta / gustan*.

A mí no *me gustan* las Matemáticas.

1 ¿A ti .... la Historia?
2 A Luis y María no .... la paella.
3 A nosotros .... mucho los animales.
4 A mi hermano no .... nada la carne.
5 ¿A vosotros .... los macarrones?
6 A mi madre no .... nada el fútbol.
7 ¿A ti .... el pescado?

6 Mira la tabla y señala si las siguientes frases son verdaderas (V) o falsas (F).

1 ☐ A Jorge no le gusta la música clásica.
2 ☐ A Pablo le gusta el fútbol.
3 ☐ A Graciela no le gustan las Matemáticas.
4 ☐ A Julia le gustan las Matemáticas.

	JORGE	PABLO	GRACIELA	JULIA
el fútbol		👍	👎	
el cine				👍
la música clásica	👍	👎		
las Matemáticas	👎		👍	👎

7 Ahora escribe otras frases verdaderas.

A Jorge / Matemáticas
A Jorge no le gustan las Matemáticas.

1 A Pablo / música clásica ....
2 A Graciela / fútbol ....
3 A Julia / cine ....

8 Forma frases con el verbo *gustar*.

Paloma / fruta / mucho
A Paloma le gusta mucho la fruta.

1 Jaime / verdura / nada
....
2 Rosa / pescado / bastante
....
3 Antonio / tomates / poco
....
4 Susana y Olga / pollo frito / nada
....
5 Ángel / guacamole / no mucho
....
6 Claudio / carne / no mucho
....
7 Mis hijos / pasta con tomate / mucho
....
8 Los españoles / naranjas / mucho
....

PABLO

JULIA

GRACIELA

JORGE

9 **Elige la forma adecuada del verbo *querer* o *gustar*.**

1 • Pedro, ¿**te gustan / quieres** los plátanos?
■ Sí, mucho.
2 • Lucía, ¿**quieres / te gusta** una rosquilla?
■ No, gracias.
3 Mamá, ya no **quiero / me gusta** más arroz.
4 A Jorge **le gusta / quiere** mucho la fruta, pero no **le gustan / quiere** nada las verduras.
5 Nosotros **nos gusta / queremos** ver una película después de comer. **Nos gustan / Queremos** mucho las películas de aventuras.
6 ¿Julia, Laura, **os gusta / queréis** venir a mi casa después de clase?
7 • ¿A usted **quiere / le gusta** el fútbol?
■ No, nada.
8 Mis padres **quieren / les gusta** un coche nuevo.
9 A Antonio no **quiere / le gusta** el coche nuevo de José.
10 **Me gustan / Quiero** mucho los macarrones con tomate.

10 **Relaciona.**

1 ☐ ¿Quieres un plátano?
2 ☐ ¿Te gusta la fruta?
3 ☐ ¿Me pasas el pan?
4 ☐ ¿Qué hay para comer?
5 ☐ ¿Cuántas naranjas quiere?
6 ☐ Yo quiero una manzana de postre.

a Sí, bastante.
b Lo siento, no hay manzanas.
c Sí, toma.
d Paella.
e No, gracias, no me gustan los plátanos.
f Un kilo.

11 **Completa las frases con *querer* o *gustar*.**

Luisa *quiere* un helado.
1 A Juan le .... mucho el fútbol.
2 ¿Te .... los animales?
3 ¿............ pan? (vosotros)
4 Yo no .... postre.
5 A Pablo le .... mucho los espaguetis.
6 Juan y Jorge .... zumo.
7 A ellas no les .... nada el café.
8 ¿............ agua? (tú)
9 A mí no .... el café.

12 **Clasifica los siguientes nombres y escribe el plural de los nombres contables.**

~~leche~~ • ~~plátano~~ • bocadillo • queso • patata • agua
azúcar • limón • manzana • zanahoria • café • zumo

Contables

singular *plátano*

plural *plátanos*

Incontables

leche

13 **Relaciona.**

Me gusta(n)...

1 los tomates
2 las fresas
3 las uvas
4 la manzana
5 el plátano

a amarillo
b verdes
c rojas
d verde
e rojos

COMUNICACIÓN

1 Lee.

Julia: ¿Queréis merendar?
Jorge: Sí, ¿qué hay?
Julia: Pues... queso, patatas fritas y tarta de chocolate.
Jorge: ¿Hay helado?
Julia: No, no hay helado.
Jorge: A mí no me gusta el queso.
Julia: ¿Quieres un vaso de leche con tarta?
Jorge: Vale.
Pablo: Yo quiero un bocadillo de queso.

2 Responde.

1 ¿Qué hay para merendar?
....
2 ¿Hay helado?
....
3 ¿Qué quiere Jorge?
....
4 ¿Qué quiere Pablo?
....

3 Completa la entrevista que Julia le hace a Jorge sobre sus gustos. Fíjate en la tabla con los gustos de Jorge.

Los gustos de Jorge	
SÍ	NO
paella helados macarrones	queso manzana hamburguesa

Julia: ¿Te gustan los helados?
Jorge: Sí, *me gustan* mucho.
1 **Julia:** ¿Te gusta el queso?
Jorge: No, no .... nada.
2 **Julia:** ¿Te gusta la paella?
Jorge: ....
3 **Julia:** ¿Te gustan las manzanas?
Jorge: ....
4 **Julia:** ¿.................. los macarrones?
Jorge: ....
5 **Julia:** ¿.................. las hamburguesas?
Jorge: ....

4 Responde tú mismo.

1 ¿Te gusta el fútbol?
....
2 ¿Te gustan las patatas fritas?
....
3 ¿Te gusta el español?
....
4 ¿Te gustan los helados?
....

5 ¿Qué letra falta: *r/rr*?

1 a.......oz
2 ....osa
3 maca.......ones
4 ji.......afa
5 to.......o
6 a.......aña
7 na.......anja
8 verdu.......a

DESTREZAS

 LEER

1 Lee y completa la tabla.

Camarero: Buenas tardes, ¿qué quieren comer?
Padre: María, ¿tú qué quieres?
Madre: Yo, de primero, quiero sopa.
Padre: ¿Y tú, Jorge?
Niño: Yo, macarrones con tomate.
Padre: Muy bien, pues yo quiero sopa también.
Camarero: ¿Y de segundo?
Madre: De segundo, yo pollo con patatas.
Niño: Yo también.
Padre: Yo quiero pescado. Una trucha, por favor.
Camarero: ¿Y de postre, qué quieren tomar?
Niño: De postre, yo helado.
Padre: Yo, plátano.
Madre: Yo, un flan.
Camarero: Muy bien.

	Padre	Madre	Niño
1.er plato			
2.º plato			
Postre			

ESCRIBIR

2 Escribe un pequeño texto contando qué cosas te gustan mucho y qué cosas no te gustan nada.

ESCUCHAR

3 (4) Mira estas dos listas de la compra. Una está mal. Escucha a Cristina y Jorge y señala la correcta.

5

¿Dónde están las llaves?

VOCABULARIO

1 Escribe las partes de la casa de Juan. Utiliza las siguientes palabras.

dormitorio • salón-comedor • cocina • jardín
terraza • recibidor • cuarto de baño

2 Primero, lee el texto. Después, completa las frases fijándote en el dibujo.

La casa de Juan

Juan tiene trece años y tiene dos hermanos. Su hermano mayor se llama Samuel, tiene dieciséis años y su afición favorita es la música. La más pequeña se llama Carolina y dibuja muy bien. Su padre, Carlos, cocina por las tardes y su madre arregla el jardín.

1 Carlos está en ....

2 Samuel está en ....

3 Carolina ....

4 Su madre ....

5 Juan ....

3 Mira el dibujo del ejercicio 1 y contesta a las preguntas.

1 ¿Dónde está la ducha?

....

2 ¿Dónde está el frigorífico?

....

3 ¿Dónde está el sofá?

....

4 ¿Dónde está la cama?

....

5 ¿Dónde está el teléfono?

....

6 ¿Dónde están las sillas?

....

4 **Lee la historieta.**

5 **¿Verdadero (V) o falso (F)?**

1 ☐ Teo y Pepa tienen dos hijos.
2 ☐ Teo y su familia están en su casa vieja.
3 ☐ La casa tiene tres dormitorios.
4 ☐ La televisión está en la habitación de los hijos.
5 ☐ La casa nueva es más grande que la vieja.
6 ☐ La casa de Teo está en la montaña.
7 ☐ Tomás duerme en el dormitorio de Teo y Pepa.
8 ☐ Los dormitorios están arriba.
9 ☐ La casa nueva no tiene jardín.
10 ☐ La cocina tiene una mesa con sillas.

6 **Contesta a las preguntas.**

1 ¿Dónde están Teo y su familia?

....

2 ¿Dónde está la televisión?

....

3 ¿Qué muebles tienen en el salón?

....

4 ¿Cuántos pisos tiene la casa?

....

5 ¿Qué habitaciones están en el piso de arriba?

....

GRAMÁTICA

1 Completa el presente del verbo *estar*.

	estar
yo	*estoy*
tú	
él / ella / Ud.	
nosotros/-as	
vosotros/-as	
ellos / ellas / Uds.	

2 Completa las frases con la forma correcta del verbo *estar*.

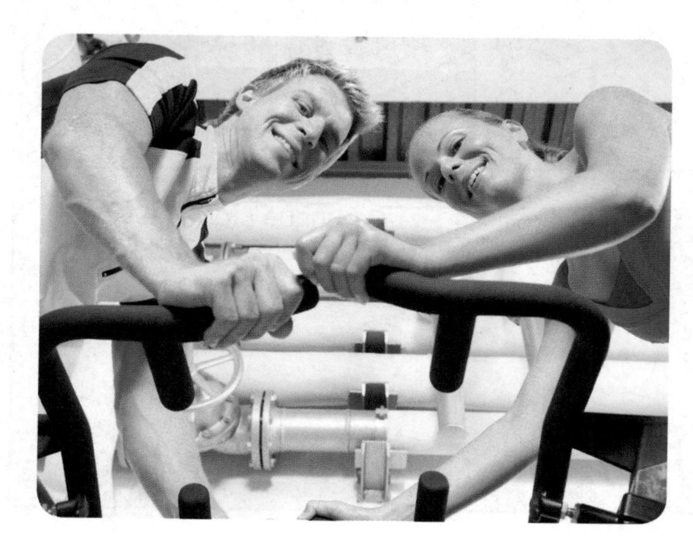

1 Alejandra y Alberto .... en el gimnasio.
2 Lucía .... en España.
3 Antonio y tú no .... en el equipo de baloncesto.
4 ¿Dónde .... el diccionario?
5 Mi postre .... en la cocina.
6 ¿............ (tú) en la lista de clase?
7 Nosotros .... en el parque.
8 Mi padre no .... en casa.
9 Los abuelos .... en el salón.
10 Carlos y yo .... en la clase B.
11 ¿Vosotros no .... en mi clase?
12 El libro no .... en mi mesa.

3 Escribe las frases en el orden correcto.

1 está / Juan / Salamanca / no / en
....
2 y / estamos / amigos / montaña / en / mis / yo / la
....
3 ¿ / tus / están / zapatos / dónde / ?
....
4 tú / el / Ángel / estáis / equipo / y / tenis / en / de
....
5 ¿ / tu / está / dónde / gato / ?
....
6 ¿ / dónde / la / está / raqueta / tenis / de / ?
....

4 Completa con la forma adecuada del verbo *estar* o con *hay*.

1 ¿Cuántas sillas .... en tu dormitorio?
2 ¿Dónde .... el ordenador?
3 ¿Qué .... en la cocina?
4 ¿Cuántos niños .... en la casa?
5 ¿Dónde .... mis libros?
6 ¿Dónde .... un póster?
7 ¿Dónde .... Alfredo?
8 ¿............ Óscar en la casa?
9 ¿Dónde .... un espejo?

5 Relaciona las respuestas con las preguntas anteriores.

a ☐ Tres o cuatro, no sé.
b ☐ Un frigorífico nuevo.
c ☐ En la estantería.
d ☐ En su dormitorio.
e ☐ Sí, creo que está en el salón.
f ☐ Solo una.
g ☐ Encima de la mesa de mi padre.
h ☐ En la pared de mi dormitorio.
i ☐ En el cuarto de baño.

6 **¿Dónde está Situ? Completa las frases, utilizando los siguientes marcadores de lugar.**

encima • debajo • delante • detrás • al lado

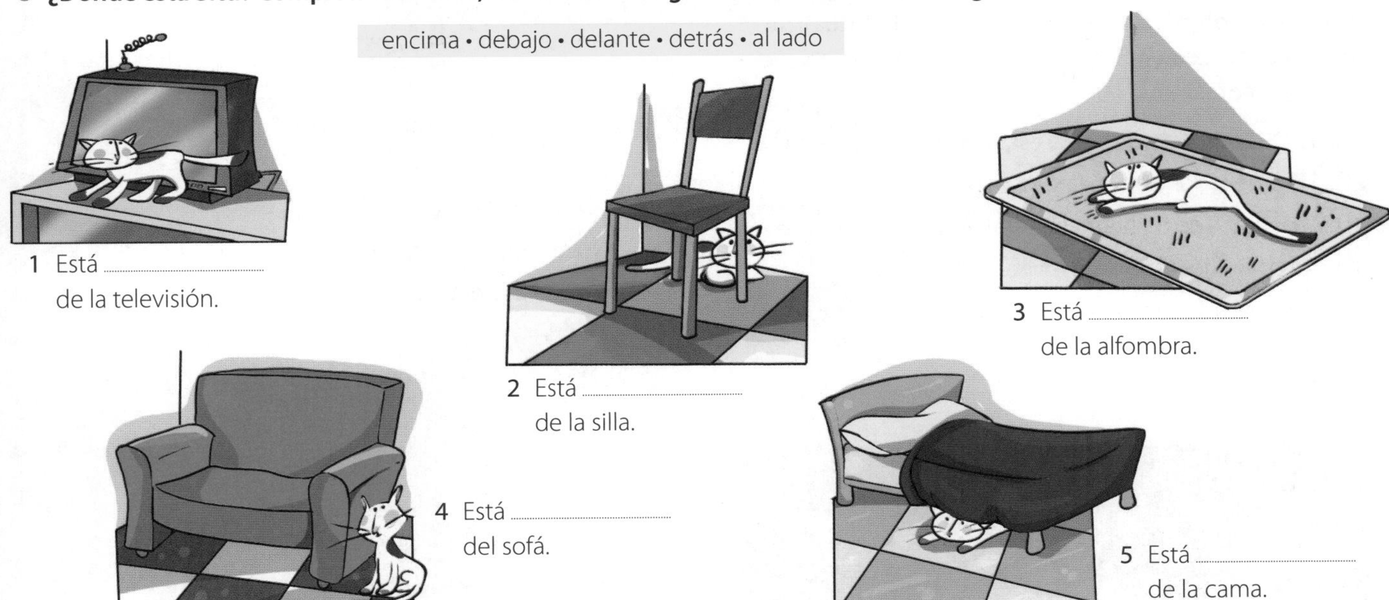

1 Está .... de la televisión.

2 Está .... de la silla.

3 Está .... de la alfombra.

4 Está .... del sofá.

5 Está .... de la cama.

7 **Mira los dibujos y completa las frases, utilizando los marcadores de lugar.**

1 En el dibujo A, la niña está *al lado* de su madre.
En el dibujo B, ...

2 En el dibujo A, el gato está .... del coche.
En el dibujo B, ...

3 En el dibujo A, el perro está .... del coche.
En el dibujo B, ...

8 **Andrés es un chico que vive en una casa algo especial porque los objetos no están en su lugar habitual. Señala si te parecen normales (✔) o raras (✘) las ubicaciones siguientes.**

1 ☐ Los cuadros de mi padre están debajo de la cama.
2 ☐ El ordenador está en la ventana.
3 ☐ Los libros de mi hermana están encima de la cama.
4 ☐ El balón de fútbol está en la cocina.
5 ☐ Mi mochila está en mi dormitorio.
6 ☐ Hay dos plantas detrás del sofá.
7 ☐ Hay un espejo grande en el dormitorio de mis padres.

9 **Completa con las formas correspondientes de los verbos *ser* y *estar*.**

1 Mi abuelo .... italiano.
2 Ana, ¿dónde .... las llaves?
3 Mis amigos .... en el colegio.
4 Jesús y Alicia .... profesores.
5 Vosotros .... buenos estudiantes.
6 Mi madre .... en el hospital.
7 Nosotros .... cansados de trabajar.
8 Mis libros .... encima de la mesa.
9 ¿Tú .... colombiana?
10 Mi clase .... en el primer piso.
11 Mis padres .... en Roma de viaje.
12 Yo .... argentino.

10 ***¿Ser* o *estar*?**

1 • Abuelo, ¿dónde **es / está** mi madre?
▪ En el piso de arriba.
2 • ¿De quién **es / está** esta mochila?
▪ De Irene.
3 • ¿Cómo **es / está** tu casa?
▪ No **es / está** muy grande, pero me gusta.
4 • ¿Quién **es / está** ese?
▪ Mi primo Jorge.
5 • ¿**Eres / Estás** en el equipo de fútbol de tu cole?
▪ Sí, ¿y tú?
• Yo también.
6 • ¿Y tus abuelos?
▪ **Son / Están** de vacaciones en la playa.
7 • Hola, ¿cómo **sois / estáis**?
▪ Bien, gracias.
8 Arévalo **es / está** un pueblo estupendo, **es / está** en Ávila, España.
9 • ¿De dónde **son / están** Giulia y Carina?
▪ De Milán, **son / están** italianas.
10 • ¿Cómo **son / están** tus abuelos?
▪ No muy bien, mi abuela **es / está** en el hospital.
11 • ¿Quiénes **son / están** esas?
▪ **Son / Están** las profesoras nuevas.
12 • ¿Cómo **es / está** el profesor nuevo?
▪ Pues **es / está** simpático.

11 **Completa con las formas correspondientes de los verbos *ser, estar* y *tener*.**

1 París no .... en Italia.
2 Los bolígrafos .... en la cartera.
3 Yo .... doce años.
4 El té .... en la cocina.
5 El Cairo .... la capital de Egipto.
6 ¿Este .... tu hermano?
7 Mi casa no .... lejos.
8 Mi hermana .... dos hijos.
9 Eduardo y María .... mis amigos.
10 ¿Tú .... algún amigo brasileño?

COMUNICACIÓN

1 Pregunta y contesta, como en el ejemplo, fijándote en las imágenes.

Emilio / aeropuerto

- *¿Dónde está Emilio?*
- *Está en el aeropuerto.*

1 Laura / piscina

- ……
- ……

2 Daniel y María / biblioteca

- ……
- ……

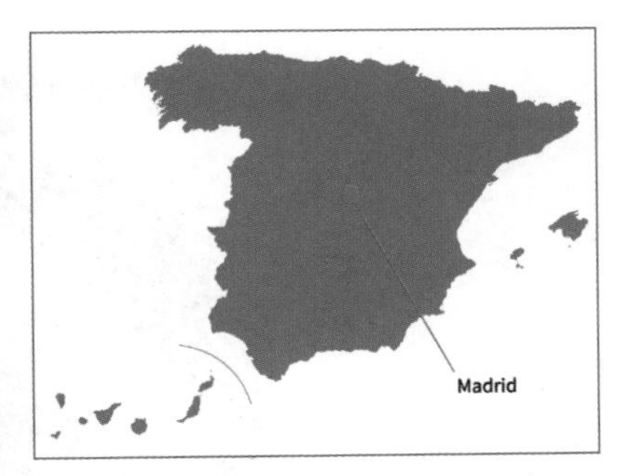

3 Madrid / España

- ……
- ……

4 Mis amigos / parque

- ……
- ……

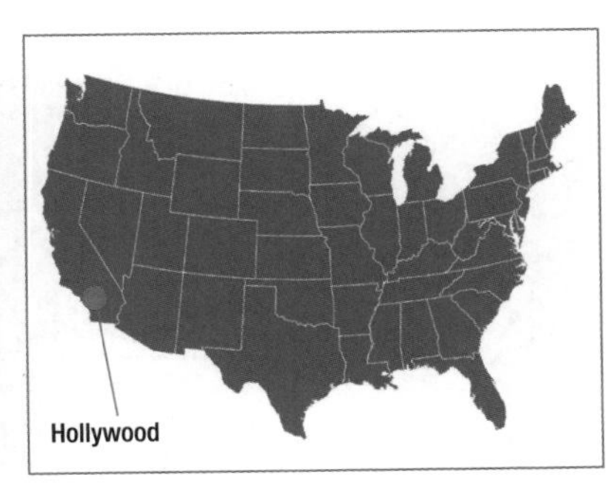

5 Hollywood / California

- ……
- ……

2 Observa el mapa de Argentina. Contesta a las preguntas, tomando como referencia los puntos cardinales.

Norte • Sur • Este • Oeste

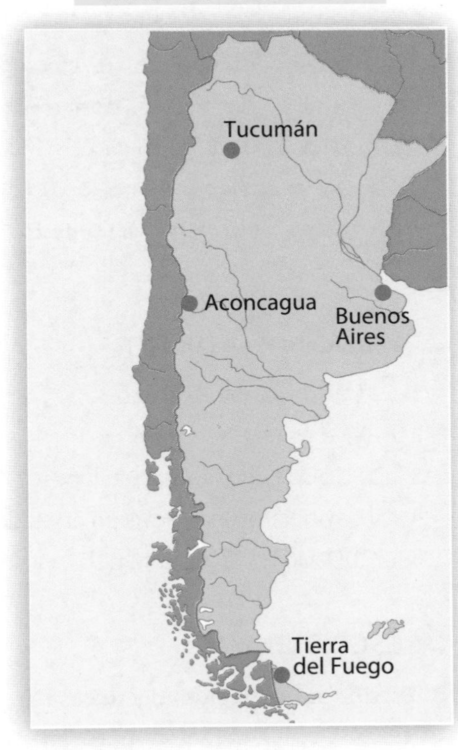

1 ¿Dónde está Tucumán?

……

2 ¿Dónde está Tierra del Fuego?

……

3 ¿Dónde está Buenos Aires?

……

4 ¿Dónde está el Aconcagua?

……

3 Cuéntanos cómo es tu casa, utilizando los siguientes pares de palabras, como en el ejemplo.

fría / calurosa • grande / pequeña
exterior / interior • bonita / fea
antigua / moderna

Mi casa no es antigua, es moderna.

DESTREZAS

LEER

1 Lee la descripción de la casa de David.

Soy de Sevilla, en España. Es una ciudad muy grande. Vivo con mi familia en un bloque de pisos. Nuestro piso es grande. Tiene tres dormitorios, un salón, un comedor, una cocina y un baño. Mi dormitorio es pequeño. Tiene una cama, una mesa de estudio y un ordenador. Mi ciudad, mi piso y mi habitación me gustan mucho.

2 ¿Verdadero (V) o falso (F)?

1 ☐ David vive en el campo.
2 ☐ Vive en un piso.
3 ☐ Su piso tiene dos habitaciones.
4 ☐ David tiene una televisión en su dormitorio.
5 ☐ A David no le gusta su piso.

ESCRIBIR

3 Escribe sobre tu ciudad y tu casa.

ESCUCHAR

4 (5) Escucha la conversación entre Andrés y Ana y elige las respuestas correctas.

1 Ana está en...
☐ un piso ☐ una granja

2 Ana está con...
☐ sus abuelos ☐ sus padres

3 La granja está...
☐ cerca del mar ☐ en la montaña

4 La casa tiene...
☐ siete habitaciones ☐ nueve habitaciones

5 Ana regresa...
☐ el próximo mes ☐ el próximo fin de semana

6

¿A dónde vas?

VOCABULARIO

1 Mira el dibujo y di dónde están los siguientes objetos, utilizando estos marcadores de lugar.

a la derecha • a la izquierda • delante
al lado • entre • ~~cerca~~ • lejos

mesa / ventana
La mesa está cerca de la ventana.

1 libros / fotografía

....

2 dvd / televisión y radio

....

3 silla / mesa

....

4 cuadro / puerta

....

5 teléfono / lámpara

....

6 ventana / puerta

....

2 Escribe estas palabras en la columna correspondiente.

farmacia • tienda • camarera • camionera • azúcar
cine • arroz • parque • policía • queso
restaurante • médico • chocolate • galleta

Profesiones	Alimentos	Lugares

3 Relaciona las profesiones con los lugares de trabajo.

Profesiones	Lugares de trabajo
1 médico	a peluquería
2 profesora	b restaurante
3 cajera	c instituto
4 bibliotecario	d supermercado
5 peluquera	e hospital
6 camarero	f biblioteca

4 ¿Cuáles son sus profesiones?

escritor • científico • futbolista • detective • piloto • pintor • cantante

Valentino Rossi y Fernando Alonso

1 ....

Pelé y Ronaldo

2 ....

Picasso y Dalí

3 ....

Christina Aguilera

4 ....

Sherlock Holmes

5 ....

Marie Curie y Albert Einstein

6 ....

Miguel de Cervantes e Isabel Allende

7 ....

5 Muchos apellidos españoles son oficios. Lee estos ejemplos. Utiliza tu diccionario y escribe frases explicándolos.

Carmen Sardinero *El sardinero vende sardinas.*

Ignacio Herrero ....

Tania Carnicero ....

Luis Ovejero ....

Cristina Zapatero ....

Jesús Panadero ....

GRAMÁTICA

1 Completa la tabla con el presente de estos verbos irregulares.

	cerrar (to close)	ir (to go)	venir (to come)	hacer (to do)	jugar (to play)	dormir (to sleep)
yo	*cierro*	*voy*	*vengo*	*hago*	*juego*	*duermo*
tú	cierras	vas	vienes	haces	juegas	duermes
él / ella / Ud.	cierra	va	viene	hace	juega	duerme
nosotros/-as	cerramos	vamos	venimos	hacemos	jugamos	dormimos
vosotros/-as	cerráis	vaís	venís	hacéis	jugáis	dormís
ellos / ellas / Uds.	cerrar	van	vienen	hacer	juegan	duermen

abrimos = we open
to open

2 Elige la opción adecuada.

1 ¿Cómo ……Vienen…… Pedro a clase?
a va b cierra c vienen

2 ¿A qué hora ……va…… la piscina?
a viene b va c cierra

3 Elena ……abre…… al cine con Juan.
a abre b está c va

4 Luis y yo ……venimos…… a clase andando.
a venimos b abrimos c estamos

5 La biblioteca ……abre…… a las nueve.
a viene b abre c está

6 ¿……Vienes…… conmigo al fútbol?
a Voy b Vienes c Ven

7 ¿Cuándo ……cierra…… a la librería?
a vamos b estamos c cierra

8 El autobús ……viene…… a las tres.
a hay b abre c viene

9 Roberto ……va…… al cole en metro.
a está b va c es

10 Mañana no ……hay…… clase.
a está b es c hay

3 Completa las frases.

1 Carlos (ir) ……va…… a la biblioteca los miércoles.
2 Mis amigos (venir) ……Venimos…… a mi casa los lunes.
3 Las peluquerías (cerrar) ……Cierran…… los domingos.
4 Mi amigo Antonio y yo (ir) ……vamos…… de vacaciones.
5 ¿A qué hora (cerrar) ……Cierra…… la cafetería?
6 ¿Ana y tú (venir) ……veníais…… en autobús?
7 ¿A dónde (ir) ……vaníais…… vosotros los domingos?
8 (Yo / venir) ……vengo…… en tren al instituto.
9 Esta farmacia no (cerrar) ……cierra…… por la noche.
10 Yo no (ir) ……vengo…… al gimnasio nunca.
11 ¿Cómo (tú / ir) ……venías…… a la escuela?
12 Juan (ir) ……venía…… a la piscina.

4 En cada frase hay un error. Corrígelo.

1 María no cierras la puerta bien. María no cierra la puerta bien.
2 ¿A dónde va tú esta tarde? ¿A dónde vas tú esta tarde?
3 ¿Cómo vas tu hermano a clase normalmente? ¿Cómo va tú hermano a clase normalmente?
4 ¿Quién vais a la biblioteca? ¿Cuándo vais a la biblioteca?
5 Nosotros no venimos a metro. Nosotros no venimos en metro.
6 La biblioteca cierro a las ocho de la tarde. La biblioteca cerrar a las ocho de la tarde.
7 Mis padres trabajamos en el hospital. Mis padres trabajan en el hospital.
8 Mis hijas van del parque. Mis
9 Ricardo no vienes a mi instituto. Ricardo no viene a mi instituto.
10 El autobús no vienes todavía. El autobús no viene todavía.

5 **Relaciona las siguientes órdenes con los dibujos.**

1 ☐ ¡Toma tu medicina!
2 ☐ ¡Escribe en la pizarra!
3 ☐ ¡Abre la ventana!
4 ☐ ¡Toma una galleta!
5 ☐ ¡Ve a la cama!
6 ☐ ¡Desayuna rápido!
7 ☐ ¡Levántate ya!
8 ☐ ¡Cállate!

a

b

c

d

e

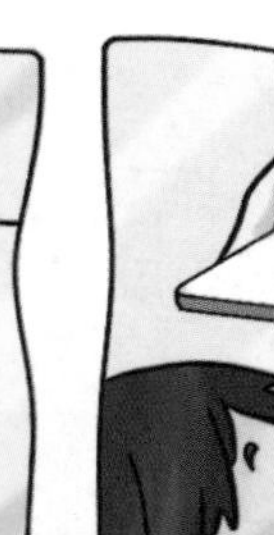
f

g

h

6 **Relaciona.**

1 ¡Apaga...
2 ¡Escribe...
3 ¡Come...
4 ¡Habla...
5 ¡Limpia...
6 ¡Cierra...
7 ¡Recoge...
8 ¡Haz...

a fruta!
b tus juguetes!
c la mesa!
d la luz!
e tu nombre!
f más bajo!
g los deberes!
h la puerta!

7 **Completa con los siguientes verbos en imperativo.**

venir • dar(me) • mirar • comprar
cerrar • abrir (x2) • escribir

1 Mamá, ... la puerta, quiero entrar.
2 Clara, ... aquí ahora mismo.
3 Leonor, ... tu diccionario, por favor, lo necesito.
4 .... (tú) la ventana, tengo frío.
5 Óscar, ... el libro por la página 28.
6 Irene, ... a la pizarra.
7 Rosa, ... en tu cuaderno.
8 .... (tú) el pan, por favor.

8 **Escribe el nombre de estos ingredientes.**

1 ....

2 ....

3 ....

4 ....

5 ....

6 ....

10 **Escribe las frases debajo del dibujo correspondiente.**

- Añade el chocolate a las galletas.
- Mete las galletas en el horno durante 25 minutos.
- Prepara la masa de las galletas.
- Coloca en el fuego el cazo con el chocolate.
- Recorta círculos con la masa de las galletas.

1 ....

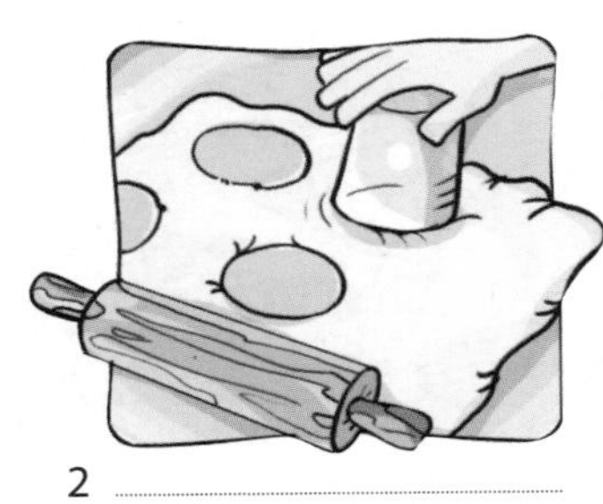

2 ....

3 ....

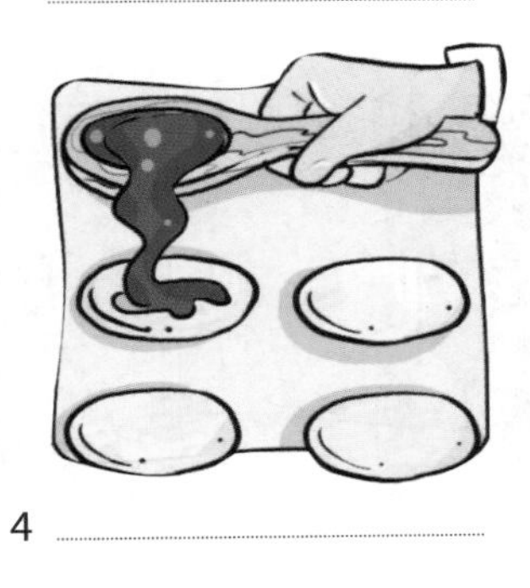

4 ....

5 ....

9 **Escribe las palabras en el orden correcto.**

Para hacer la masa de las galletas con chocolate sigue los siguientes pasos:

la harina / echa / y la mantequilla / en un recipiente

Echa la harina y la mantequilla en un recipiente.

1 un huevo / añade

....

2 la mantequilla y el huevo / con la harina / mezcla

....

3 añade / y el agua / la leche

....

4 los ingredientes / mezcla

....

5 en un cazo / el chocolate / echa

....

COMUNICACIÓN

1 ¿Qué hacéis al salir de clase? Forma frases y relaciónalas con los dibujos.

1 [a] lunes / biblioteca / Elena

Los lunes Elena va a la biblioteca.

2 ☐ sábado / parque / mi primo y yo

....

3 ☐ jueves / kárate / María y Marta

....

4 ☐ martes / piscina / Juan

....

5 ☐ domingo / polideportivo / Ángel y tú

....

6 ☐ miércoles / clase de Español / yo

....

7 ☐ viernes / cine / mis padres

....

a

b

c

d

e

CINE

f

g

2 ¿Cómo van de vacaciones?

Laura / Italia / avión

Laura va a Italia en avión.

1 Juan / Alicante / coche

....

2 mis primos / París / tren

....

3 Luis y Paqui / Perú / avión

....

4 Ana / Santander / autobús

....

5 Yo / Barcelona / moto

....

3 ¿A qué hora abren?

cafetería: 8 h

- *¿A qué hora abre la cafetería?*
- *A las ocho de la mañana.*

1 biblioteca: 17 h

- ....
- ....

2 tiendas: 10 h

- ....
- ....

3 discoteca: 22 h

- ....
- ....

4 restaurante: 13:30 h

- ....
- ....

5 oficina de correos: 9 h

- ....
- ....

6 polideportivo: 7:30 h

- ....
- ....

DESTREZAS

LEER

1 Lee el siguiente texto y completa con las siguientes palabras.

las mañanas • coche • van • la tarde • son • vive • va

Julio Ramírez [1] .... en un pueblo cerca de Córdoba, en Argentina. Por [2] .... su padre le lleva al colegio en el [3] .... Julio [4] .... a un colegio bilingüe. Sus clases [5] .... en español y en inglés.

Termina sus clases a las tres de [6] .... Después, juega al fútbol con sus amigos. Le gusta mucho este deporte y su sueño es jugar con la selección de su país.

Algunas tardes, él y su hermana [7] .... a la piscina. También juegan juntos con el ordenador después de hacer los deberes.

2 ¿Verdadero (V) o falso (F)?

1 ☐ Su madre lo lleva al colegio.
2 ☐ Juega mucho al tenis.
3 ☐ A veces, va a la piscina con su hermana.
4 ☐ Julio y su padre juegan con el ordenador.
5 ☐ Julio estudia inglés.
6 ☐ Julio termina el cole a las tres.

ESCUCHAR

3 [6] Escucha a José Luis hablando de su pueblo y completa la tabla diciendo qué cosas hay y no hay.

Iglesias	*Hay cinco iglesias.*
Instituto	
Parque	
Farmacia	
Banco	
Restaurante	
Hospital	
Museo	
Estación de tren	
Estación de autobuses	

ESCRIBIR

4 Cuéntanos cómo es tu pueblo o ciudad. ¿Qué cosas hay o no hay?

Yo vivo en .... con ....
Es un pueblo/ciudad muy ....

7

Hábitos

VOCABULARIO

1 Escribe el nombre de los meses del año.

a	UOLIJ
b	BMEOVERNI
c	PMRETISEBE
d	NROEE
e	RAOZM
f	OMAY
g	RBEFROE
h	LBRIA
i	NIJOU
j	STOGOA
k	CTBERUO
l	MBCEERIDI

2 Escribe con letras las siguientes fechas.

5/4 *cinco de abril**

a **3/10** ....

b **8/3** ....

c **7/9** ....

d **10/1** ....

e **9/11** ....

f **20/2** ....

g **13/8** ....

h **30/12** ....

* Fíjate: en español escribimos primero el día y luego el mes.

3 En tu país, ¿cuándo se celebra…

1 … el día de la Madre?: ....

2 … el día del Padre?: ....

3 … la Fiesta Nacional?: ....

4 Completa la letra de esta canción popular española.

Uno de enero, dos de febrero, [1]
de marzo, [2] de abril, cinco
de [3] , seis de [4] ,
siete de [5] , San Fermín.

5 ¿Qué animal no pertenece al grupo?

mariposa – águila – tigre (¿volar?)
El tigre, porque no sabe volar.

1 araña – gallina – serpiente (¿patas?)

....

2 oso – mosca – tiburón (¿dientes?)

....

3 perro – rana – pájaro (¿alas?)

....

4 cocodrilo – delfín – paloma (¿nadar?)

....

6 **Completa el texto con las siguientes palabras.**

felino • humano • alimento • especies • peligro • seres • hábitat • animales • libertad • futuro

DÍA DE LA TIERRA

Con la celebración del Día Mundial de la Tierra las Naciones Unidas quieren concienciar a la población para cuidar a la Tierra y a los [1] ___________ vivos que viven en ella.
Son miles los [2] ___________ que están en peligro de extinción por culpa del ser [3] ___________: por la caza, la destrucción de su hábitat, la tala de árboles...
Estos son algunos de los animales que se encuentran en [4] ___________ de extinción y que, con nuestra ayuda, pueden cambiar su [5] ___________.

OSO PANDA

No hay más de 1600 osos panda viviendo en [6] ___________. Están amenazados por la destrucción de su hábitat y la caza ilegal.

TIGRE

Es uno de los animales más amenazados de Asia. Quedan alrededor de 3000 ejemplares del [7] ___________ más grande del mundo. Su principal amenaza es la caza ilegal.

LINCE IBÉRICO

Una de las [8] ___________ animales más amenazadas del mundo vive en España. No quedan más de 500 linces y viven en Andalucía. La falta de alimento y los atropellos son sus principales amenazas.

GORILA DE MONTAÑA

Solo quedan 720 individuos del gorila de montaña en su [9] ___________ natural. Sus amenazas: la caza, la destrucción de su hábitat y el contagio de enfermedades humanas.

TORTUGA MARINA

Es un reptil de gran tamaño, protegido en casi todo el mundo, pero es cazado por su carne y sus huevos son robados para usarlos como [10] ___________.

(Fuente: *www.eurapapress.es*)

7 **Relaciona las siguientes palabras con su significado en el texto.**

1 concienciar
2 tala
3 atropello
4 ilegal
5 amenaza

a contrario a la ley
b conseguir que una persona entienda un problema
c corte de árboles
d paso de un vehículo por encima de un animal
e peligro

8 **Di si las siguientes afirmaciones son verdaderas (V) o falsas (F). Corrige en tu cuaderno las falsas.**

1 ☐ Las Naciones Unidas organizan el Día Mundial de la Tierra.
2 ☐ No podemos hacer nada por los animales en peligro de extinción.
3 ☐ El lince ibérico vive en todas las zonas de España.
4 ☐ Solo el oso panda está amenazado por la caza ilegal.
5 ☐ Las enfermedades humanas ponen en peligro la vida de algunos animales.
6 ☐ La tortuga marina es un animal pequeño en peligro de extinción.

7

GRAMÁTICA

1 Completa la tabla con el presente de los verbos *ducharse* y *acostarse*.

	ducharse	acostarse
yo	*me ducho*	*me acuesto*
tú		
él / ella / Ud.		
nosotros/-as		
vosotros/-as		
ellos / ellas / Uds.		

2 Relaciona.

1 ☐ ¿A qué hora te levantas?
2 ☐ ¿Qué desayunas?
3 ☐ ¿Cómo vas al cole?
4 ☐ ¿Dónde comes?
5 ☐ ¿Haces deporte?
6 ☐ ¿Con quién cenas?
7 ☐ ¿Ves la tele?
8 ☐ ¿Cuánto tiempo ves la tele?
9 ☐ ¿Cuándo te duchas?
10 ☐ ¿A qué hora te acuestas?

a Con mis padres y mi hermana.
b Voy andando, porque está cerca de mi casa.
c Sí, claro.
d Sí, juego al baloncesto.
e Por la noche.
f En el comedor escolar.
g A las siete de la mañana.
h Una hora y media, más o menos.
i A las once de la noche.
j Un vaso de leche, un zumo de naranja y una magdalena.

3 Completa con la información de la actividad anterior.

Ángel [1] .... a las siete de la mañana. [2] .... un vaso de leche, un zumo de naranja y una magdalena, y [3] .... al cole andando porque [4] .... cerca de su casa. [5] .... en el comedor escolar y por la tarde [6] .... al baloncesto. Luego [7] .... la tele, [8] .... con sus padres y su hermana, [9] .... y [10] .... a las once de la noche.

4 Elige la forma adecuada.

1 Luisa **se levanta / levanta** a sus hijos a las ocho.
2 Juan **se lava / lava** la ropa de sus hermanos.
3 Mi padre no **se afeita / afeita** todos los días.
4 Los niños **se acuestan / acuestan** a las nueve y media.
5 Mi hija **se lava / lava** los dientes después de comer.
6 Eduardo **se baña / baña** a su perro con agua y jabón.
7 Yo **me baño / baño** en la playa todos los veranos.

5 Completa con las preposiciones *a (al), de (del), con, en, por.*

1 Mis amigos y yo jugamos .... fútbol .... el patio .... mi cole.
2 Elena juega .... sus amigas .... el jardín.
3 Juan y Enrique van .... coche .... cole.
4 ¿Vamos .... la granja .... tío Justo .... la tarde?

6 Escribe la forma correcta.

Juan se baña en la piscina.
Nosotros *nos bañamos en la piscina*.

1 Yo me lavo el pelo todos los días.
¿Tú ....?

2 Ella se acuesta a las once.
Nosotras ....

3 Ellos se levantan tarde.
Yo ....

4 Yo me ducho por las mañanas.
Luis ....

5 ¿Vosotros os ducháis todos los días?
¿Tú ....?

6 Mi padre se afeita por la noche.
¿Cuándo (tú) ....?

7 María se levanta a las siete.
Nosotros ....

8 Jorge se acuesta temprano.
Ellos ....

9 Mi hermana se pone los zapatos de tacón los sábados.
¿Vosotras ....?

10 Mi compañero no se quita el abrigo en clase
¿Tú ....?

7 Este es el horario de Carlos. Escribe las preguntas en la forma adecuada.

¿A qué hora se levanta Carlos?
A las siete y media.

1 ....
A las ocho.

2 ....
A las tres.

3 ....
A las ocho de la tarde.

4 ....
A las nueve de la noche.

5 ....
A las diez y media.

8 Completa la tabla con el presente de los verbos *salir* y *volver* y después completa las siguientes frases.

	salir	volver
yo	*salgo*	*vuelvo*
tú		
él / ella / Ud.		
nosotros/-as		
vosotros/-as		
ellos / ellas / Uds.		

1 Marisa .... de casa a las ocho para ir a clase.
2 Juan .... a su casa a las cinco de la tarde.
3 Mi padre y mi madre .... muy pronto para ir a trabajar.
4 Yo .... del instituto a las dos y media.
5 ¿A qué hora .... vosotros a casa?
6 ¿A qué hora .... tú de casa para ir a clase?

9 **Completa con la forma adecuada de los siguientes verbos.**

llegar • ver • acostarse • venir • ir (x2) • lavarse • levantarse (x2) • salir (x2) • volver • jugar

1 Mi padre .... de casa para ir a trabajar a las siete y yo .... a las siete y media.
2 Yo no .... al fútbol, prefiero el baloncesto.
3 Elena y Marina .... todos los días a clase de gimnasia rítmica.
4 • ¿A qué hora .... a tu casa por la tarde?
▪ A las siete, después de jugar al baloncesto.
5 Pepe .... tarde a clase todos los días.
6 • ¿........................ la tele por la mañana? (vosotros)
▪ No, nunca.
7 Los domingos mis abuelos .... a comer a mi casa.
8 En mi casa todos .... muy tarde, a las once y media o las doce de la noche.
9 Mi madre es la primera que .... por la mañana.
10 Mamá, Clara no .... las manos antes de comer.
11 Yo .... a clase en bicicleta.
12 Nosotros .... a las ocho de la mañana.

10 **Completa el texto con las siguientes preposiciones.**

a (x8) • de (x4) • al • por (x2) • en

Lucía tiene dieciséis años. Es estudiante, pero también trabaja [1] .... el supermercado [2] .... sus padres.

Todos los días se levanta [3] .... las siete, se ducha, desayuna y sale [4] .... su casa [5] .... las ocho. Las clases empiezan [6] .... las ocho y media. Después [7] .... las clases vuelve [8] .... su casa para comer. Después [9] .... comer, hace los deberes y estudia un poco. Va [10] .... supermercado los martes y los jueves [11] .... la tarde.

También trabaja los sábados [12] .... la mañana: empieza [13] .... las nueve y termina [14] .... las dos.

[15] .... Lucía le gusta trabajar porque así tiene dinero para ir [16] .... la discoteca y para las vacaciones.

11 **Escribe los signos correspondientes: interrogación (¿?) o admiración (¡!).**

1 Qué quiere Jorge
2 Qué bonito
3 Levántate ya
4 Ven aquí
5 Qué haces esta tarde
6 Lávate las manos
7 Acuéstate pronto
8 Hasta pronto

COMUNICACIÓN

1 Lee y responde a las preguntas.

Julia: Hola.

Profesora: Buenos días, Julia. Llegas tarde.

Julia: Es que… vivo muy lejos.

Profesora: ¿Sí? ¿A qué hora te levantas?

Julia: A las ocho.

Profesora: ¿A qué hora sales de casa?

Julia: A las nueve menos cuarto.

Profesora: … Y llegas a las nueve y diez. Bien, y ¿por qué no sales a las ocho y media? Es mejor…

Julia: Sí…, vale.

Profesora: A ver si es verdad, siéntate.

1 ¿Por qué llega tarde Julia?

....

2 ¿A qué hora se levanta?

....

3 ¿A qué hora sale de su casa?

....

4 ¿A qué hora llega al colegio?

....

2 Responde tú mismo.

1 ¿A qué hora te levantas?

Yo me levanto a las ....

2 ¿A qué hora sales de casa?

....

3 ¿A qué hora llegas al colegio?

....

4 ¿A qué hora vuelves a casa?

....

3 Relaciona.

1 ☐ levantarse	5 ☐ volver a casa
2 ☐ ducharse	6 ☐ comer
3 ☐ salir de casa	7 ☐ ver la tele
4 ☐ llegar a clase	8 ☐ acostarse

a

b

c

d

e

f

g

h

DESTREZAS

LEER

1 **Lee el texto y completa los huecos con los siguientes verbos en presente.**

acostarse • salir • llegar • tomar • levantarse
desayunar • terminar • ver • ir

Carlos es profesor de Matemáticas en un instituto de Cáceres

Yo [1] .... a las siete y cuarto. Me ducho y [2] .... té con galletas.

[3] .... de casa a las ocho menos cinco y [4] .... al trabajo a las ocho y veinte. Mi primera clase empieza a las ocho y media. A la hora del recreo [5] .... un zumo y hablo con mis compañeros. [6] .... las clases a las dos y media y [7] .... a comer a mi casa.

Por la tarde, los lunes y miércoles practico natación, y los martes y jueves estoy en casa, preparo las clases y juego con mis hijos.

Normalmente, [8] .... la tele un poco después de cenar y [9] .... a las once y media.

ESCRIBIR

2 **Escribe un párrafo sobre tu vida habitual.**

Yo, normalmente, me levanto a las…

....

....

....

....

....

....

....

....

....

....

....

....

....

ESCUCHAR

3 [7] **Escucha la entrevista a Juan Rodríguez, un policía de Madrid, y contesta a las preguntas.**

1 ¿A que hora se levanta Juan Rodríguez?

....

2 ¿Qué día tiene libre a la semana?

....

3 ¿Dónde trabaja?

....

4 ¿A qué hora vuelve a su casa?

....

5 ¿Cuántos hijos tiene?

....

6 ¿Le gusta su trabajo?

....

8

Descripciones

VOCABULARIO

1 Escribe las siguientes palabras en las etiquetas correspondientes del dibujo del monstruo.

pecho • pie • cabeza • mano • cuello
estómago • brazo • pierna • dedos

1 ______
2 ______
3 ______
4 ______
5 ______
6 ______
7 ______
8 ______
9 ______

2 Escribe seis frases sobre el monstruo anterior con los siguientes adjetivos.

alto • grande • grueso • largo • gris • pequeño

Tiene los ojos pequeños.

1 ....
2 ....
3 ....
4 ....
5 ....
6 ....

3 Escribe el nombre de las siguientes partes de la cabeza.

1 ______
2 ______
3 ______

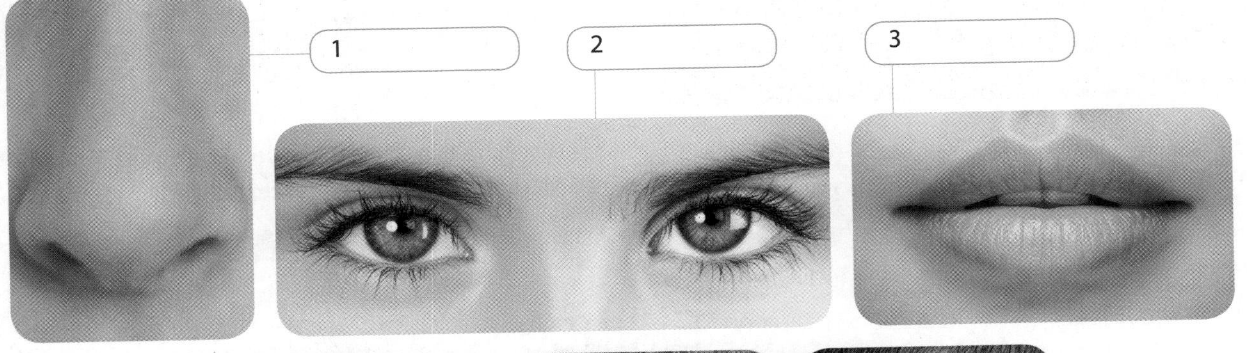

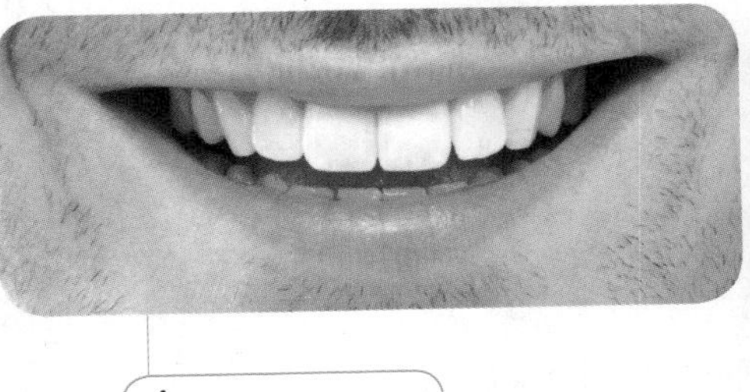

4 ______

5 ______

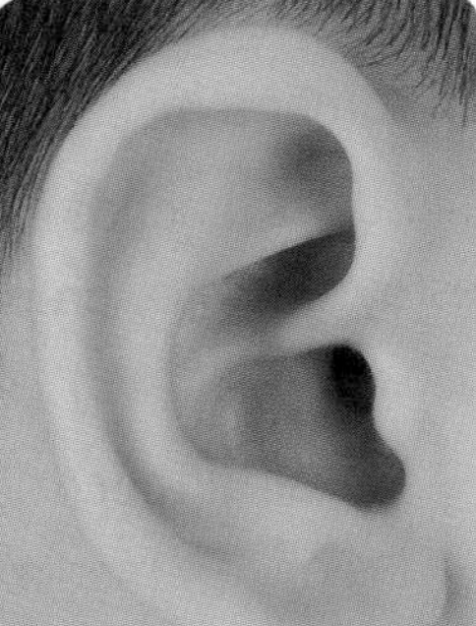

6 ______

4 Relaciona.

Jorge tiene...

1 ☐ el pelo
2 ☐ los ojos
3 ☐ las piernas
4 ☐ la nariz
5 ☐ la cara

a redonda
b oscuro
c marrones
d largas
e no muy grande

Eva tiene...

1 ☐ los ojos
2 ☐ el pelo
3 ☐ las piernas
4 ☐ la cara
5 ☐ la nariz

a alargada
b no muy largas
c azules
d chata
e rubio

5 Lee el texto.

La jirafa

La jirafa tiene los ojos grandes y oscuros. Tiene el cuello muy largo. Mide unos tres metros. La jirafa come hojas de los árboles con sus treinta y dos dientes. Las patas delanteras son más largas que las traseras.

Vive en la sabana en pequeños grupos de dos o tres individuos.

6 Corrige las frases.

La jirafa vive en el desierto.
La jirafa vive en la sabana.

1 La jirafa tiene los ojos pequeños y claros.
....
2 Tiene las cuatro patas iguales.
....
3 La jirafa come carne.
....
4 Tiene el cuello corto.
....
5 Vive en grupos grandes.
....

7 Completa el texto sobre el lince, utilizando las siguientes palabras.

orejas • ojos • cabeza • patas • cuerpo

El lince

La (1) .... del lince es pequeña como la del gato, pero su (2) .... es seis veces más grande. Gracias a sus grandes (3) ...., el lince caza por la noche a la luz de la luna. Tiene las (4) .... puntiagudas con pelos negros. Sus (5) .... traseras son muy largas. Con ellas salta sobre sus presas. El lince es un animal solitario. Vive en los bosques.

GRAMÁTICA

1 Completa la tabla y después completa las frases.

(a mí)	*me*	
(a ti)		duele la cabeza
(a él / ella / Ud.)		gusta el pan
(a nosotros/-as)		duelen los pies
(a vosotros/-as)		gustan las motos
(a ellos/-as / Uds.)		

1 A mí …… …… las piernas.
2 ¡A María …… …… las muelas!
3 A nosotros …… …… las matemáticas.
4 ¿A vosotros …… …… el chocolate?
5 Ana, ¿a ti …… …… mi camisa nueva?
6 Voy al médico, …… …… la cabeza.

2 Completa las frases con las formas correspondientes de los verbos *doler* y *gustar*.

1 A ellos …… la música.

2 A mí …… los perros.

3 A María …… mucho la cabeza.

4 A mi gato …… la leche.

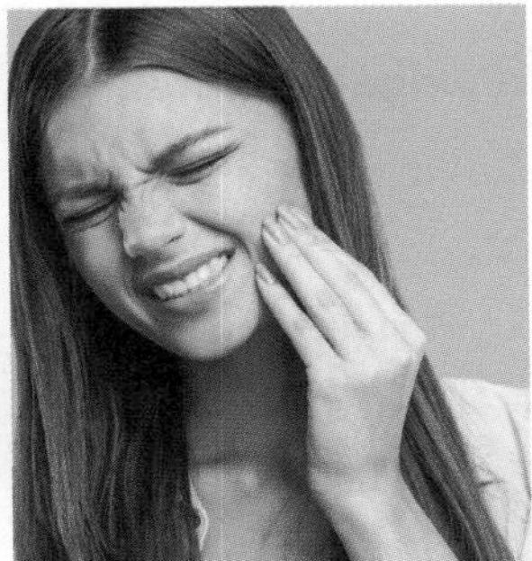
5 A Antonia …… las muelas.

6 ¿(A ti) …… mi camisa?

7 A mí no …… el fútbol.

8 (A mí) …… las piernas.

9 A mis primos …… los juegos de ordenador.

10 A mi madre …… la ópera.

3 Ordena las frases.

1 ¿ / la / gusta / carne / os / ?

2 ¿ / las / te / muelas / duelen / ?

3 no / la / mí / gusta / me / a / sopa

4 mucho / le / el / duele / estómago

5 ¿ / las / gustan / hamburguesas / te / ?

6 mañana / me / la / piernas / duelen / por / las

4 Elige la opción adecuada.

1 Rosa no **le / se** pinta los labios nunca.
2 María **le / se** sienta en el sillón marrón.
3 A Ángel **le / se** duele la cabeza todos los días.
4 No **le / se** gustan nada las películas de terror.
5 ¿**Le / Se** gusta el café con leche?
6 ¿**Le / Se** duele mucho la espalda?
7 ¿Por qué **le / se** levanta ya Pepe?
8 A Román **le / se** gustan mucho los pasteles de crema.
9 A Anita **le / se** duele el estómago después de comer.

5 Completa con los pronombres correspondientes.

1 ¿A qué hora .... acostáis todos los días?
2 ¿A ti .... duele la espalda esta mañana?
3 Nosotros .... levantamos muy tarde los domingos.
4 ¿A vosotros .... gusta el fútbol?
5 Yo no .... afeito por las mañanas, ... afeito por la noche.
6 Ellos .... duchan también por la noche.
7 A mí .... duele hoy la pierna derecha.
8 ¿A ellos .... gustan las patatas fritas?
9 A Rosa y a Jaime no .... gusta nada tomar el sol.
10 Pepe no .... afeita nunca, ahora lleva barba.
11 ¿Vosotros .... acostáis después de comer?
12 Ellos .... acuestan siempre a dormir la siesta.

6 Mira la tabla y escribe en tu cuaderno lo que les gusta y lo que no les gusta.

	Coches	Música	Deporte	Animales
ANA	👍	👎	👍	👍
ELLOS	👎	👍	👍	👍

A Ana le gustan los coches.

7 Corrige los errores.

1 A mí no le gustan los plátanos.

2 A mis amigos les gusta los coches.

3 ¿Te duelen la cabeza?

4 A Juan le gusta las patatas.

5 A mí me duele los ojos por la mañana.

6 A Aitor les gustan la música clásica.

7 A mis abuelos le duele las piernas

8 ¿Les duelen la espalda?

8 Observa el dibujo y haz frases, como en el ejemplo.

(sillas / mesas)
En la clase hay muchas sillas pero no hay muchas mesas.

1 libros / estanterías

....

2 ventanas / puertas

....

3 pósteres / mapas

....

4 ordenadores / radios

....

5 mesas / ordenadores

....

9 Completa las frases con *muy, mucho/-a, muchos/-as.*

1 Mi casa es .... bonita.
2 Comemos .... patatas.
3 La música está .... alta.
4 No tengo .... dinero.
5 Yo llego al instituto .... pronto.
6 No hay .... niños en el patio.
7 Bebo .... agua.
8 Me duelen .... los pies.
9 El agua está .... fría.
10 Yo como .... fruta.
11 Mis hijos no tienen .... juguetes.
12 A Pepe le gustan .... los macarrones con tomate.
13 Mi primo Eduardo se levanta .... tarde los domingos.
14 Nosotros vivimos en una casa ni .... grande ni .... pequeña.
15 ¿Has comprado .... cosas para la fiesta?
16 Mis vecinos tienen .... dinero.
17 Rosalía va .... veces al cine.
18 No me gusta esta calle porque tiene .... ruido.
19 Mi profesor trabaja .... y gana poco.

COMUNICACIÓN

1 Fíjate en los dibujos y señala en la tabla la opción correcta.

	ES...				TIENE EL PELO...
	joven mayor	alto/-a bajo/-a	grueso/-a delgado/-a	moreno/-a rubio/-a	largo corto
Sra. García	*mayor*	*baja*	*gruesa*	*rubia*	*corto*
Sr. Pérez					
Alberto					
María					

2 Ahora describe a los personajes utilizando el vocabulario del ejercicio anterior.

Sra. García	*Es mayor, baja, gruesa, rubia y tiene el pelo corto.*
Sr. Pérez	
Alberto	
María	

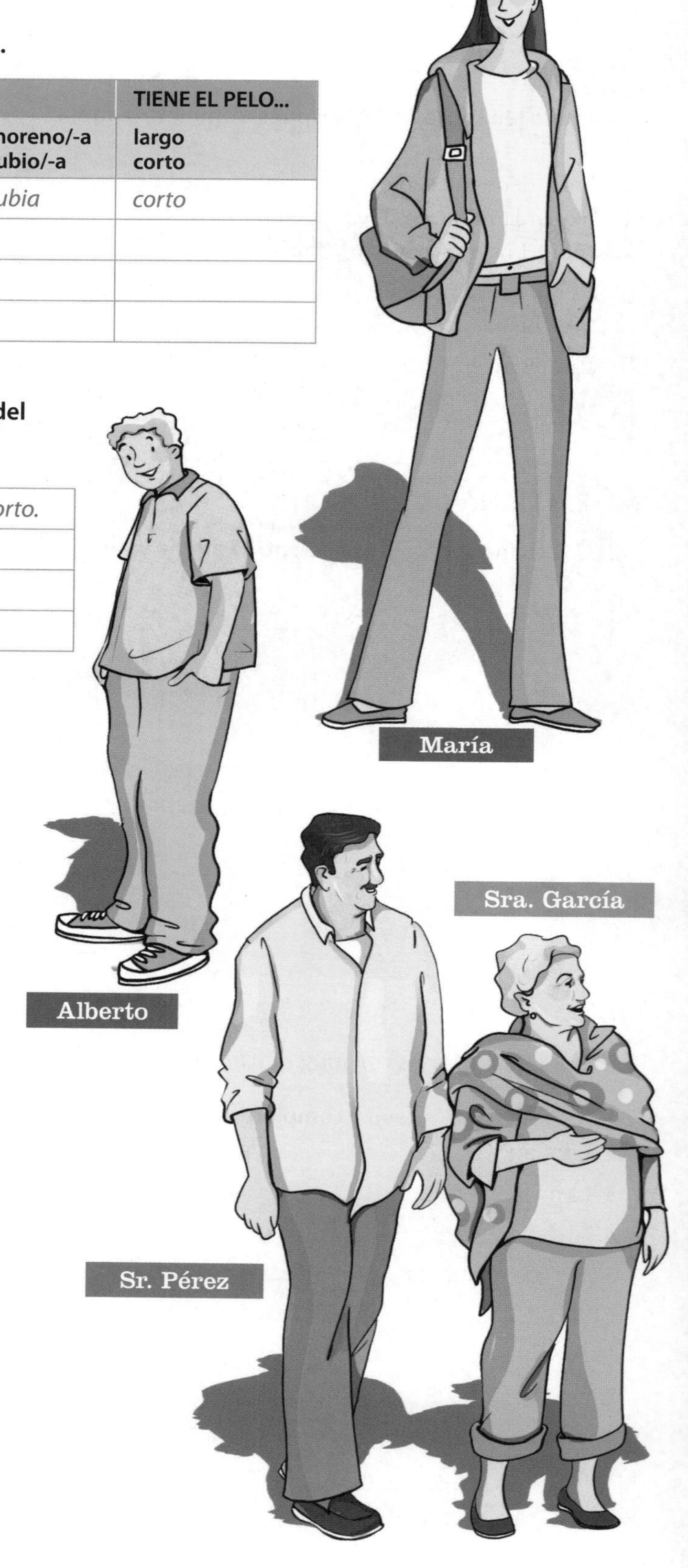

3 Haz preguntas a Alicia sobre su padre.

1 ¿...?
Se llama Tomás.

2 ¿...?
Cuarenta y cinco.

3 ¿...?
Tiene el pelo castaño.

4 ¿...?
Tiene los ojos negros.

5 ¿...?
No, es bastante alto.

4 Ordena la conversación.

- ☐ Sí, tiene los ojos azules.
- [2] ¿Ah, sí? ¿Cómo se llama?
- ☐ ¿Tiene los ojos azules?
- ☐ Ya sé quien es. Es Susana Álvarez, mi prima.
- ☐ Conozco a tres Susanas. ¿De qué color tiene el pelo?
- [1] Estoy enamorado.
- ☐ Tiene el pelo rubio y bastante largo.
- ☐ Susana. ¿La conoces?

DESTREZAS

LEER

1 Primero lee sobre Sofía. Después, completa la tabla.

Sofía tiene doce años y vive en un pueblo en la montaña. Tiene el pelo largo y rubio. Los ojos azules y la nariz pequeña.

Es muy alta, mide más de 1,60 m y juega muy bien al baloncesto.

Para estar en forma, come muchas verduras y bebe mucha leche.

Nombre	
Edad	
Estatura	
Deporte	
Comidas	
Descripción	Ojos: Pelo:

ESCUCHAR

2 Escucha la conversación entre Paloma y Ángela. ¿Quién es el novio de la hermana de Paloma?

1

2

3

4

3 Escucha de nuevo y completa la tabla.

Nombre	
Estatura	
Deporte	
Comidas	
Descripción	Ojos: Pelo:

ESCRIBIR

4 Describe físicamente a tu compañero. ¿Cuáles son sus aficiones?

Mi compañero se llama ________________.
Es muy ______________________________
____
____
____
____

9

La ropa

VOCABULARIO

1 Escribe los nombres de las siguientes prendas de vestir.

camisa • abrigo • gorra • guantes • chaqueta • pantalones • zapatos • falda • sudadera • corbata • jersey • cazadora

2 Encuentra ocho prendas de vestir.

B	A	J	C	C	D	U	Z	E	C
F	B	U	F	A	N	D	A	R	H
H	J	I	A	Z	L	N	P	A	Á
G	O	C	L	A	N	D	A	O	N
Q	O	S	D	D	E	T	T	D	D
V	Z	R	A	O	P	A	I	Z	A
C	A	S	R	R	T	B	L	M	L
K	N	M	B	A	E	I	L	N	O
P	C	O	R	B	A	T	A	D	F
V	A	Q	U	E	R	O	S	T	U

3 Describe cómo vas vestido hoy.

GRAMÁTICA

1 Relaciona.

1 ¿Te gustan mis pantalones?
2 ¿Qué precio tiene esta camisa?
3 ¿Puedo probarme estos vaqueros?
4 ¿Desea algo más?
5 Buenos días, ¿qué desea?
6 ¿De qué talla?
7 ¿De qué color es tu falda?
8 ¿Qué lleva hoy Luis?

a Unos vaqueros y una camiseta roja.
b Sí, claro, allí están los probadores.
c Sí, ¿tienen faldas estrechas?
d De la 36, por favor.
e Roja, ¿y la tuya?
f Quería un abrigo.
g Sí, son preciosos.
h 32 euros.

2 Completa la tabla con el pretérito indefinido de los verbos *ir* y *estar*.

	ir	estar
yo	*fui*	*estuve*
tú		
él / ella / Ud.		
nosotros/-as		
vosotros/-as		
ellos / ellas / Uds.		

3 Completa las frases con las formas correspondientes de los verbos *ir* y *estar* en pasado.

1 Mis amigos .... (ir) al cine ayer.
2 Daniel y su hermana no .... (estar) en el instituto el lunes.
3 Elisa .... (ir) a la piscina el domingo.
4 Manuel .... (estar) en su casa ayer por la tarde.
5 ¿A dónde .... (ir / tú) el sábado por la mañana?
6 Ayer .... (estar / yo) en el partido de fútbol.
7 Tú no .... (estar) en clase ayer.
8 La semana pasada .... (ir / yo) al teatro con mis padres.
9 Nosotros no .... (ir) a la fiesta de fin de curso.
10 ¿.................... (estar) tus padres y tú en la ópera el sábado?

4 *¿Estar* o *ir*?

1 Ayer Roberto **estuvo / fue** al teatro con sus amigos del barrio.
2 El lunes **estuvimos / fuimos** todos en el Museo del Prado con nuestro profesor de Arte.
3 ¿Dónde **estuviste / fuiste** el domingo pasado?
4 ¿A dónde **estuvieron / fueron** tus padres ayer?
5 Ayer **estuve / fui** al médico porque me dolía mucho la pierna derecha.
6 Yo no **estuve / fui** a ningún sitio, me quedé en casa, con mis abuelos.
7 Javier y Marta **estuvieron / fueron** en mi casa el sábado por la tarde.
8 ¿A dónde **estuviste / fuiste** de vacaciones el verano pasado?

5 **Lee lo que cuenta Carolina sobre su visita a Córdoba.**

COSAS QUE HACER Y VER EN LA CIUDAD HISTÓRICA DE CÓRDOBA

El verano pasado estuve con mis padres en la ciudad de Córdoba, al sur de España, en Andalucía. Córdoba es una ciudad muy antigua con restos arqueológicos árabes y judíos.

Fui con mis padres a visitar los monumentos más importantes. Por la mañana estuvimos en la Mezquita, después fuimos al Alcázar de los Reyes y al barrio judío.

Mis padres estuvieron tomando un aperitivo, mientras yo fui con mi hermana a ver el río Guadalquivir.

Después de un día muy divertido, nos fuimos al hotel para descansar y volver al día siguiente en tren.

6 **Corrige las frases.**

Mis primos y yo fuimos a Córdoba.

Mis padres y yo fuimos a Córdoba.

1 Córdoba tiene restos árabes y griegos.

2 Estuvimos en la Mezquita por la tarde.

3 Mi hermana y yo fuimos a tomar un aperitivo.

4 Fui con mis padres a ver el río Guadalquivir.

5 Al día siguiente nos fuimos en avión.

7 **¿Dónde estuvieron?**

1 Laura / en el instituto

2 Tomás y Roberto / en casa

....

3 Mi hermano y yo / en el cine

....

4 Luis Fernando y tú / en el supermercado

....

8 **Completa el texto con las formas correspondientes del pasado de los verbos *estar* e *ir*.**

Ayer, como todas las mañanas, Pedro [1] .... al instituto a las ocho y media de la mañana. Él y sus compañeros [2] .... en clase hasta las dos y cuarto. Después, Pedro [3] .... a comer a casa. Por la tarde, [4] .... con sus amigos en el parque. A las ocho de la tarde, [5] .... a casa y [6] .... con sus padres hasta la hora de acostarse.

5 Tus padres y tú / en un restaurante

....

9 **Escribe las frases en el orden correcto.**

1 ¿ / el / dónde / verano / estuviste / pasado / ?

....

2 casa / ayer / de / fui / a / Alberto

....

3 en / con / parque / no / primos / estuve / el / mis

....

4 fue / sábado / tu / supermercado / al / madre / el

....

5 ¿ / amigos / fiesta / la / tus / estuvieron / en / el / domingo / ?

....

....

6 verano / estuvieron / primos / el / pasado / mis / Argentina / en

....

....

7 no / teatro, / yo / fui / al / ayer / casa / pequeños / mis / con / mi / hermanos / estuve / en

....

....

8 Ángel / su / estuvieron / y / familia / amigo / vacaciones / mi / en / de / Noruega. / Nosotros / abuelos / mis / al / fuimos / con / pueblo

....

....

9 • ¿ / curso / Eva / fin / de / viaje / fue / al / de / ?
■ playa / en / estuvo / no, / la / padres / sus / con.

....

....

10 • ¿ / tarde / el / dónde / lunes / por / estuviste / la / ?
■ con / fui / amigos / de / compras / mis

....

....

10 Contesta con tus propias respuestas.

1 ¿Dónde estuviste ayer entre las siete y las nueve de la noche?

....

2 ¿Quién estuvo contigo?

....

3 ¿Hasta qué hora estuviste?

....

4 ¿A dónde fuiste el fin de semana?

....

5 ¿Quién fue contigo?

....

6 ¿Dónde comiste ayer?

....

7 ¿Qué comiste?

....

8 ¿Quién comió contigo?

....

11 Pon los siguientes complementos en la columna correcta.

la pelota • Ismael • a las cinco • el lunes
Marina • mi amiga • en mi casa • el piano • los libros
en la clase • en el cine • mañana

Qué	Quién	Cuándo	Dónde

12 Completa con *quién, qué, cuándo, dónde.*

1 • ¿.................... fue contigo al zoo?
 ▪ Isabel y Julio.

2 • ¿.................... comes los domingos?
 ▪ En un restaurante chino.

3 • ¿.................... haces por las tardes?
 ▪ Los deberes.

4 • ¿.................... fuiste a Barcelona?
 ▪ El verano pasado.

5 • ¿.................... está tu diccionario?
 ▪ En mi cartera.

6 • ¿.................... es esto?
 ▪ Es un regalo para ti.

7 • ¿.................... está la biblioteca?
 ▪ Está cerca.

8 • ¿.................... estuvo en tu casa ayer?
 ▪ Mi primo Andrés.

9 • ¿.................... deporte haces?
 ▪ Natación.

10 • ¿.................... estuviste en Galicia?
 ▪ Hace dos años.

13 Escribe las preguntas correspondientes.

1 • ¿..?
 ▪ Juanjo Martínez.

2 • ¿..?
 ▪ Soy francés, de París.

3 • ¿..?
 ▪ Trece.

4 • ¿..?
 ▪ La Lengua y la Música.

5 • ¿..?
 ▪ Sí, tengo un hermano mayor.

6 • ¿..?
 ▪ Las tres y media.

7 • ¿..?
 ▪ A las siete y media de la mañana.

8 • ¿..?
 ▪ No, no me gusta nada.

COMUNICACIÓN

1 Observa los dibujos y contesta a las siguientes preguntas.

¿A dónde fuiste el viernes por la tarde?
Fui al cine.

1 ¿Dónde estuviste ayer por la noche?

....

2 ¿A dónde fuiste el sábado por la mañana?

....

3 ¿Dónde estuvieron tus tíos de vacaciones?

....

4 ¿A dónde fuiste con tu hermano el domingo por la mañana?

....

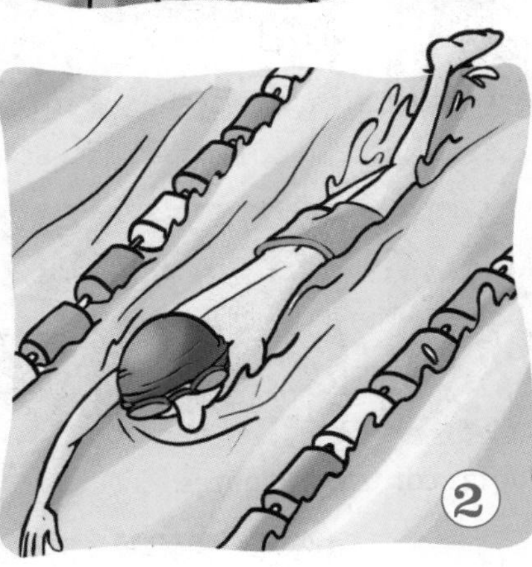

2 En parejas. Uno formula preguntas con la información de la columna *A*, y el otro responde con una de las opciones de la columna *B*.

1 • *¿Con quién fuiste al zoo?*
▪ *Fui al zoo con mi hermana.*

2 • ....
▪ ....

3 • ....
▪ ....

4 • ....
▪ ....

5 • ....
▪ ....

6 • ....
▪ ....

A

1 ~~zoo / tú~~
2 parque / nosotros
3 clase de español / ellas
4 teatro / él
5 piscina / vosotras
6 casa de mis abuelos / yo

B

a mi amigo Marcos
b mis padres
c mis compañeros
d ~~mi hermana~~
e Lucía y María
f tus primos

DESTREZAS

LEER

1 Lee el siguiente texto sobre Barcelona.

BARCELONA es la capital de la comunidad de Cataluña. Es una ciudad muy bonita, situada entre la montaña y el mar Mediterráneo. Además, es una ciudad muy antigua, en ella estuvieron los romanos desde el siglo I antes de Cristo. Todavía podemos ver los restos de la muralla romana al lado de la Catedral.
La catedral es del siglo XIII. Al lado de la Catedral podemos ver el Barrio Gótico, que es el barrio más antiguo de la ciudad.
Muy cerca están las Ramblas, un paseo que llega hasta el puerto. También podemos ver la Sagrada Familia, una iglesia del famoso arquitecto Gaudí.
En 1992 Barcelona fue la ciudad de los Juegos Olímpicos.

2 Corrige las siguientes afirmaciones.

1 Barcelona es la capital de España.

....

2 Barcelona está situada entre montañas.

....

3 La Sagrada Familia es un paseo cerca del puerto.

....

4 La Catedral es del siglo XIX.

....

5 El Barrio Gótico es un barrio moderno.

....

6 Barcelona no tiene puerto.

....

ESCUCHAR

3 (9) Ahora vas a escuchar a Luis y Marta hablando de Barcelona. Señala en qué lugares ha estado Marta.

La Sagrada Familia ☐

Puerto ☐

La Pedrera ☐

Mercado de la Boquería ☐

La Catedral ☐

Las Ramblas ☐

Parque Güell ☐

Barrio Gótico ☐

Campo de fútbol del Barcelona (Camp Nou) ☐

Museo Nacional de Arte de Cataluña ☐

ESCRIBIR

4 Escribe en tu cuaderno un mensaje a un amigo contándole las cosas que se pueden ver y hacer en la ciudad turística más próxima a tu casa.

Transcripciones

UNIDAD 1 **¡Hola!**

DESTREZAS

1 Ejercicio 3

1 ¡Hola!, ¿qué tal? Yo me llamo Juan y tengo catorce años. Mi número de teléfono es el nueve tres, cuatro cinco nueve, dos ocho, tres nueve.

2 Marcelo es mi compañero, tiene trece años y su número de teléfono es el nueve tres, dos siete cuatro, seis tres, dos seis.

3 Daniel Martínez es profesor de judo, tiene diecinueve años. Su número de teléfono es el nueve tres, cuatro dos siete, ocho tres, nueve dos.

UNIDAD 2 **Países de habla hispana**

DESTREZAS

2 Ejercicio 3

RAQUEL: ¡Hola, me llamo Raquel! ¿Y tú?
TOMÁS: ¡Hola, me llamo Tomás!
RAQUEL: ¿Cuántos años tienes?
TOMÁS: Tengo doce. ¿Y tú?
RAQUEL: Trece.
TOMÁS: ¿Cuál es tu asignatura favorita?
RAQUEL: Las Matemáticas. ¿Y la tuya?
TOMÁS: La Educación Física.
RAQUEL: ¿Y cuál es tu deporte favorito?
TOMÁS: El tenis.
RAQUEL: ¿Qué días hay Educación Física en tu clase?
TOMÁS: Los lunes y los viernes.
RAQUEL: ¿Cuál es tu comida favorita?
TOMÁS: La pizza.
RAQUEL: ¡Humm! La mía también.

UNIDAD 3 **La familia**

DESTREZAS

3 Ejercicio 2

CRISTINA: ¡Hola, me llamo Cristina!
GABI: ¡Hola! ¿Qué tal? Yo me llamo Gabi.
CRISTINA: ¿Eres madrileño?
GABI: Sí. Y tú, ¿de dónde eres?
CRISTINA: Soy de Valencia y vivo con mis padres y mis abuelos.
GABI: ¿No tienes hermanos?
CRISTINA: No, no tengo. Y tú, ¿con quién vives?
GABI: Vivo con mi madre y mi hermana.
CRISTINA: ¿Bailamos?
GABI: Vale, pero bailo muy mal.
CRISTINA: No importa, vamos.

UNIDAD 4 **Comidas y bebidas**

DESTREZAS

4 Ejercicio 3

CRISTINA: Jorge, ¿compramos manzanas?
JORGE: No, ya tenemos manzanas. Mejor compramos plátanos. Mamá también quiere queso, azúcar...
CRISTINA: ¿Y patatas?
JORGE: No, patatas no, porque ya hay.
CRISTINA: Ah, bueno, entonces falta pan, leche y cebollas.
JORGE: Y helado.
CRISTINA: Vale, y helado.

UNIDAD 5 **¿Dónde están las llaves?**

DESTREZAS

5 Ejercicio 4

ANA: ¡Hola, Andrés!
ANDRÉS: ¡Hola, Ana! ¿Dónde estás?
ANA: Estoy en la granja de mis abuelos.
ANDRÉS: ¿Dónde está?
ANA: Está cerca del mar.
ANDRÉS: ¿Te gusta la granja?
ANA: Sí, es muy divertida. Hay muchos animales.
ANDRÉS: ¿Cómo es la casa?
ANA: Es muy grande. Tiene nueve habitaciones.
ANDRÉS: ¿Nueve habitaciones?
ANA: Sí, tiene una cocina, un comedor, un salón, cuatro dormitorios y dos cuartos de baño.
ANDRÉS: ¿Cuándo regresas?
ANA: El próximo fin de semana.
ANDRÉS: Vale, pues nos vemos a la vuelta.
ANA: ¡Hasta pronto, Andrés!

UNIDAD 6 **¿A dónde vas?**

DESTREZAS

6 Ejercicio 3

Vivo en Arévalo con mis padres y mi hermano. Es un pueblo muy bonito. Tiene edificios muy antiguos. Hay cinco iglesias y la más antigua se llama San Miguel. También hay un instituto donde yo estudio. Además están las cosas normales en un pueblo: un parque, dos farmacias, muchos bancos... Mi pueblo es muy conocido por sus famosos restaurantes. Lo que no tenemos es ni hospital, ni museo. La estación de tren está a las afueras del pueblo. También hay una estación de autobuses. Mi pueblo tiene un defecto: no tiene un buen equipo de fútbol.

UNIDAD 7 **Hábitos**

DESTREZAS

Ejercicio 3

ENTREVISTADORA: ¡Hola, Juan! ¿Qué tal? Vamos a hablar sobre tu trabajo. ¿A qué hora te levantas normalmente?
JUAN: Normalmente trabajo por la mañana y me levanto a las cinco. Trabajo todos los días desde las seis hasta las dos de la tarde.
ENTREVISTADORA: ¿Y los domingos?
JUAN: Sí, los domingos también trabajo, pero tengo un día libre a la semana, los miércoles.
ENTREVISTADORA: ¿Dónde trabajas?
JUAN: Trabajo en una comisaría de Madrid. A veces salgo de la comisaría y voy en el coche patrulla para controlar el tráfico.
ENTREVISTADORA: ¿A qué hora vuelves a tu casa?
JUAN: A las tres.
ENTREVISTADORA: ¿Tienes hijos?
JUAN: Sí, tengo un hijo de doce años y una hija de diez.
ENTREVISTADORA: La última pregunta, ¿te gusta tu trabajo?
JUAN: La verdad es que me gusta mucho.
ENTREVISTADORA: Gracias, Juan.

UNIDAD 8 **Descripciones**

DESTREZAS

8 **Ejercicios 2 y 3**

PALOMA: ¿Sabes que acabo de conocer al novio de mi hermana?
ÁNGELA: ¿Sí? ¿Y qué tal es? ¿Cómo se llama?
PALOMA: Se llama Enrique. No habla mucho. Parece un poco serio.
ÁNGELA: ¿Pero es guapo?
PALOMA: ¡Ya lo creo! Es muy alto, mide más de uno noventa y tiene el pelo rubio.
ÁNGELA: ¿Juega al baloncesto?
PALOMA: No, creo que juega muy bien al tenis.
ÁNGELA: ¿De qué color tiene los ojos?
PALOMA: No estoy segura, pero creo que son azules.
ÁNGELA: O sea que no le encuentras ningún defecto.
PALOMA: Bueno, está demasiado delgado para mi gusto.
ÁNGELA: Podemos hacer una barbacoa en mi casa e invitarles a comer. Así le conozco.
PALOMA: Va a ser un poco difícil porque es vegetariano.

UNIDAD 9 **La ropa**

DESTREZAS

9 **Ejercicio 3**

MARTA: ¡Hola, Luis!
LUIS: ¡Hola, Marta!, ¿qué tal el fin de semana?
MARTA: Bien. El sábado fui de excursión a Barcelona.
LUIS: ¿Sí? ¡Qué bien! ¿Con quién fuiste?
MARTA: Con mis primos y mi tío Juanjo.
LUIS: ¿Y qué tal? ¿Dónde estuvisteis?
MARTA: Pues, primero, por la mañana, fuimos al Puerto. Es bastante grande y muy moderno. Luego fuimos a la Catedral y al Barrio Gótico, y después de comer fuimos a ver la Sagrada Familia, ya sabes, la iglesia de Gaudí.
LUIS: ¡Vaya! ¿Y no fuisteis al campo de fútbol del Barcelona?
MARTA: No, Luis, a mi tío no le gusta el fútbol, así que me quedé sin verlo.